Soledad Murillo

SUPERVIVENCIA DE LAS POLÍTICAS DE IGUALDAD

ENTRE LA FUNCIÓN PÚBLICA Y LOS PARTIDOS POLÍTICOS

GRANADA, 2024

BIBLIOTECA COMARES

COLECCIÓN REDES FEMINISTAS

Directora de la colección:
Laura Nuño Gómez

Redes feministas es una colección de publicaciones que surge con la determinación de compartir reflexiones, conectar saberes feministas y tejer un conocimiento crítico-reflexivo, compartido desde distintas disciplinas, para abordar el análisis de las causas y consecuencias de la jerarquía sexual, recuperando la malla teórica que sustenta la histórica genealogía feminista.

Diseño de cubierta: Mariangel González
Maquetación: Eloísa Ávila
© Soledad Murillo
© Editorial Comares, S.L.

Polígono Juncaril
C/ Baza, parcela 208
18220 Albolote (Granada)
Tlf.: 958 465 382
http://www.comares.com • E-mail: libreriacomares@comares.com
https://www.facebook.com/Comares • https://twitter.com/comareseditor
https://www.instagram.com/editorialcomares

ISBN: 978-84-1369-857-1 • Depósito legal: Gr. 1474/2024

Fotocomposición, impresión y encuadernación: COMARES

SUMARIO

INTRODUCCIÓN

«Nunca puedes dejar huellas que duren si estas caminando de puntillas»
Leymah Gbowee. Activista de Liberia. Premio Nobel de la Paz 2011.

- Mi experiencia como cargo público: motivos para escribir.
- La difícil relación entre la élite política y los empleados públicos.
- Una gran desconocida para las personas corrientes: la Administración.
- Las políticas de igualdad, un término que no ha caducado.
- Presentación de las contradicciones traducidas a capítulos.

Escribir es exponerse, admitir que habrá termas ausentes y divergencias sobre el contenido, estas percepciones me sirven de conjura contra el olvido. Soy consciente que una multitud de vivencias traerá consigo diferencias sobre lo escrito. El interés por las políticas públicas parte de mi experiencia en las administraciones y, por qué no decirlo, de los mecanismos de defensa ligados al desempeño como cargo público, porque la sobrecarga de responsabilidad, lejos de ayudarme, aumentaba la inquietud ante la cual más vale adaptarse a la inmensidad de la función pública. Saber dónde estás es la mejor fórmula para mantener el ánimo día a día[1], habida cuenta que la

---

[1]   El primer cargo que ocupé fue el de secretaría general de Políticas de Igualdad en la VIII legislatura (2004-2008), sin añadir *familia* u otras competencias que suelen adherirse a cargos similares. Posteriormente fui miembro del Comité Internacional de Naciones Unidas CEDAW (2009-2013), donde se examinaban las

entrada en la administración se parece más a una centrifugadora que a un viaje iniciático. Todo se desarrolla con tal precipitación y con tal voltaje de exigencia, bien para la preparación de una comparecencia en el Congreso de los Diputados, como ante la crítica de los medios de comunicación; el caso es que todos los días hay que saber enderezar la agenda política para que no se vuelva inmanejable.

Mi trabajo —y mi mayor identidad profesional— fue el de profesora de universidad, un oficio en el que identifico la calidad de la docencia si domamos las inercias que tanto entumecen a la academia; quizás por eso las detecto en otras organizaciones. He aprendido que resistirse individualmente a la cultura interna —o las reglas no escritas— de cualquier espacio público es un fracaso asegurado, porque las Administraciones interpretan su meticulosidad como un mérito, no como una rémora que les resta agilidad. Por lo tanto, conocer sus códigos y, sobre todo, servirse de las competencias del funcionariado es la primera decisión inteligente. Representa una vía de doble dirección, entre quienes diseñan las políticas públicas y quienes las han de aplicar. En este sentido, aún se trata de una práctica excepcional mantener relaciones más simétricas entre el funcionariado y las élites políticas. Por ello, es lógico que vivamos una primera desconfianza para luego aprender a convivir con diferentes tiempos: los altos cargos contamos con calendario acotado: un máximo de cuatro años de legislatura, o de mandato municipal, una suerte de personal interino, mientras que los empleados públicos son tan estables como la institución. Saber crear alianzas es apostar por un juego de gana/gana, para el funcionariado representa la posibilidad de consolidar mejores niveles por su adscripción al cargo público, y para nosotros, la prueba clarividente de necesitar sherpas en un paisaje tan escarpado.

---

políticas públicas de los Estados. Además de ejercer, durante cuatro años, de concejala de la oposición en la Administración Local y más tarde, secretaria de Estado de Igualdad, en la XIII legislatura (2019-2021) y dos años después, en 2023, como concejala del Ayuntamiento de Madrid.

En mi primera etapa política tuve que confeccionar un mapa de la estructura gubernamental, además de un organigrama que me indicara quiénes podían ser colaboradores necesarios para desarrollar las propuestas de igualdad, porque sus cometidos eran complementarios a los nuestros; por ejemplo, fue muy útil extender nuestros objetivos, hasta hacerlos coincidir con los planes de la Secretaría de Estado de Seguridad Social (con la vista puesta en el permiso de paternidad), o bien con otros ministerios, como el de Administraciones Públicas, Sanidad, dado que yo estaba en el de Trabajo y Asuntos Sociales. Luego, conviene aprender a sortear a los jefes de Gabinete, una especie humana provista de buenas destrezas para ensombrecer el día a todo cargo público. En mi segunda etapa, con la piel más gruesa y con una posición que me permitía nombrar asesores (Secretaria de Estado), aproveché toda mi experiencia de gestión e impliqué a los empleados públicos en el proyecto, para lo cual renuncié a formar comités de dirección convocando solo a los niveles más altos. No lo hice por un acto de generosidad, sino por el puro egoísmo de proteger nuestros programas cuando tuvieran que superar la torre de Babel de las administraciones, cuyos códigos son ajenos para quienes procedemos de otras instituciones. En ambas ocasiones, todo se desarrollaba dentro de la Administración Central (ministerio de Trabajo y, después, ministerio de Igualdad), tan inabordable que, una y otra vez, tuvimos que retroceder, maldecir, sabiendo que, o te reimpulsas, o te ahogas entre tantos procedimientos. Como soy muy consciente de mis limitaciones, supe que la llave maestra consiste en preguntar y recurrir al funcionariado, la mejor brújula para no sucumbir ante tan extenso territorio.

Este breve texto fija su horizonte temporal hasta febrero de 2021 por coincidir con mi última etapa como cargo electo con capacidad de gobierno, aunque lo que me preocupa sigue de actualidad. De manera intencional no he querido analizar los acontecimientos del gobierno de coalición en la XIV legislatura (2020-2023) que, por su extraordinaria singularidad, trasciende el motivo de estas reflexiones. Me interesa ofrecer algunas claves sobre cómo se activan las políticas de igualdad, mostrar las «tuberías» de las instituciones públicas, porque de ellas depende promover las políticas públicas, o doblegarlas bajo una tupida red administrativa.

Mi acercamiento a las políticas de igualdad procede de caminos diferentes, por un lado, a través de brillantes textos sobre la materia: la democracia paritaria, el valor de los cuidados, la brecha salarial, la violencia de género, la prostitución o la inteligencia artificial, entre otras políticas públicas. Obras que nos acercan a todas las circunstancias en las que viven las mujeres trabajadoras: rurales, mariscadoras, mineras, ejecutivas, empresarias, periodistas y, por supuesto, las amas de casa, cuyo trabajo no está emparentado con el empleo remunerado, pero genera el bienestar vital que hemos disfrutado desde nuestra infancia. Y, por otro lado, el camino más difícil —aunque apasionante— se refiere a todo lo aprendido en distintas Administraciones para diseñar las políticas de igualdad. Entre los dos caminos solo hay una forma de buscar puntos de unión, el puente que representa la herramienta de la transversalidad, pero de tal forma que su contenido teórico tenga capacidad de aplicación real, no solo intelectual.

La gestión de las Administraciones está segmentada en áreas tan específicas que, sin pretenderlo, resultan un gran inconveniente a la hora de aplicar las políticas transversales, porque su organización del trabajo se retransmite en vivo todos los días y a toda la plantilla, testigos directos de cómo se debe actuar a cualquier escala, desde una ordenanza municipal a una ley orgánica. Mi preocupación es saber cómo se integran las políticas de igualdad entre la multitud de competencias de la función pública y, aunque extraeré ejemplos de mi experiencia en la Administración Central, estoy convencida que cualquiera que conozca las administraciones, se reconocerá en estas páginas.

Quiero meterme en la sala de máquinas de una administración, siempre ajena a nuestra atención salvo cuando nos obligan a cualquier trámite; tampoco los medios de comunicación suelen destapar los tejados de las instituciones para mirarlas por dentro. Habló desde la experiencia personal, yo estuve allí, por lo tanto, entiendo las objeciones que despierte mi reflexión, seguro que son parte de otras vivencias que complementarían magníficamente este texto. Mi intención es mostrar la presión que padecen las políticas de igualdad, al estar sometidas a las reglas de dos entidades: la Administración Pública (de quien depende su aplicación) y los partidos políticos (responsables de nombrar a los altos cargos para impulsarlas, o para dejarlas morir); en principio todas las partes deberían estar sincronizadas y remar en la misma dirección, pero esto pocas veces sucede; de esta manera las políticas de igualdad sobreviven como pueden entre estos dos titanes.

Los comienzos a la hora de abordar mi trabajo en las Administraciones, en las que creía poder desenvolverme, no fueron nada sencillos. Para empezar, carecía de cargo orgánico en un partido político, ni siquiera militaba, fue una inmersión sin señales en un gigantesco océano burocrático, donde las sendas solo están al alcance del funcionariado más veterano, mientras que para mí era navegar en medio de un vendaval. En ocasiones, crees seguir la ruta correcta hasta que te encuentras al borde del desastre; justo cuando estás a punto de naufragar, aprendes a rectificar el rumbo. Por el contrario, las personas que trabajan en las Administraciones están habituadas a una especialización técnica, al modo del trabajo taylorista. Si lo pudiéramos reproducir en una maqueta, obtendríamos una tradicional cadena de montaje: cada profesional atento a sus funciones centrado en su celda del panal, pero sin ver la totalidad de la colmena.

«La vida es lo que te ocurre mientras se están haciendo otros planes», decía John Lennon. La vida representaría las teorías de las organizaciones, tan empeñadas en estudiar los modos para mejorar los servicios públicos, mientras que los otros planes se refieren a la dinámica interna de las Administraciones Públicas, cautiva de rigideces laborales. Las teorías sobre las instituciones las definen como sistemas humanos de cooperación, orientados al diseño de las políticas públicas (Hodge, Anthony y Gales, 2018), pero es una descripción muy oficialista, porque todas las administraciones están formadas por individuos, cuyas funciones están condicionadas por tensiones, tanto de calendario —el cierre de presupuestos a final de año— como ideológicos por su afinidad, o no, con los cargos públicos. A este hecho hay que sumarle la dificultad de coordinación debido a nuestra organización territorial (artículo 103 de la Constitución). Basta con observar nuestro mapa de competencias: la Administración General del Estado (AGE), donde reside el Gobierno de la nación; las comunidades autónomas (CC. AA); y la Administración Local, que incluye ayuntamientos y diputaciones, todas ellas gozan de soberanía en sus decisiones. Parece razonable pensar que nuestro país tiene una estructura federal, debido al grado de autonomía del que dispone cada comunidad autónoma, bien sea desde una diferente fiscalidad, hasta una diferente nota en la prueba del bachillerato que habilita para entrar a la universidad (EvAU, la antigua selectividad), por citar solo dos ejemplos.

1. LA FUNCIÓN PÚBLICA, ESA DESCONOCIDA

Si acudimos a una somera definición, la finalidad de la función pública es ofertar servicios a la ciudadanía a través de las políticas públicas, porque estas son las mejores herramientas para generar derechos económicos, civiles, sociales. Y, como es lógico, tiene fortalezas y debilidades:

1. Confiar que todo se produce de manera racional, como describieron los teóricos sobre el origen de la burocracia, Weber, Merton, Crozier, Maintz, Friedberg, nos aporta un panorama ideal, pero esto no es así. Las Administraciones Públicas aprenden a metabolizar todos sus elementos, emocionales y racionales, a esquivar los egos de los cargos públicos, convivir con la proliferación de alianzas y de aversiones. Encima, sin medios para intervenir en las conocidas rivalidades entre cuerpos de la administración, o entre áreas, aunque sumen un alto coste económico e interfieran decisivamente en la tarea.

2. Los procedimientos de la función pública, si bien son reconocidos como eficientes y necesarios, también operan como diques de contención ante proyectos que precisan mayor agilidad para llevarse a cabo, debido a las nuevas demandas ciudadanas. Como cargo público aprendes, muy tu pesar, a

calcular los meses que requiere la propia maquinaria administrativa para aplicar una política pública.

3. Todas las personas que ejerzan su profesión en cualquiera de las Administraciones saben muy bien cómo muerden sus rutinas, hasta reducirlas a una pieza menor; a la manera en que Werner Sombart describió las grandes fábricas del siglo XIX: espacios de producción, donde los trabajadores eran seleccionados en función de unas actividades, concretas y repetitivas.

4. Existe un gran desconocimiento acerca de las políticas públicas; nuestro contacto es instrumental y solo ante asuntos puntuales: acceso a la sanidad, a una demanda de divorcio, a la agenda tributaria, etc. A pesar de cómo inciden en nuestra vida cotidiana, nos colocamos más en el papel de usuarios que de ciudadanos exigentes sobre la calidad del servicio; es decir, tramitamos más que vindicamos. Después de la pandemia, la fecha de nacimiento de la ciudadanía ha expulsado a quienes carecen de destrezas digitales: citas previas, firma electrónica, requisitos que han vuelto hostiles todas las administraciones.

5. En el día a día, las formas de hacer política están condicionadas por un mayor protagonismo de los partidos políticos, más atentos a un tablero electoral interno que a trabajar por el bien común. Soy consciente de que este término, de tanto nombrarlo, parece más un comodín que la expresión de una voluntad institucional, o de una colaboración real entre cargos públicos, incluso compartiendo una misma ideología. No obstante, «el bien común» fue una constante preocupación histórica[2] que debería figurar en el centro de toda agen-

---

[2]   Las fundadoras de la sociología como Jane Addans, Harriet Martineau o Ida B. Wells, precursoras de una ciencia con la finalidad de transformar la sociedad (sufragistas y abolicionistas de la esclavitud). Menos conocidas que Adam Smith, David Hume o Adam Ferguson partidarios de la cooperación que, en el siglo XX, Friedrich A. Hayek lo denominó «bienestar general».

da institucional, o al menos priorizarse como un indicador de calidad democrática.

No pretendo revisar las teorías sobre las políticas públicas, puesto que contamos con sólidas investigaciones sobre la materia[3]. Más que mostrar en qué consisten, me interesa destacar los obstáculos a los que ha de enfrentarse la igualdad de oportunidades. Las políticas públicas se diseñan por las élites dirigentes con la intención de atender las necesidades de la ciudadanía, pero antes deben pasar por las instituciones. De nada sirve planificar una política sobre envejecimiento sin unas ordenanzas, sin normas de las que deriven competencias concretas para llevarlas a cabo. Reconozco que es una tarea difícil de abordar. En primer lugar, porque se requiere modernizar la función pública con una estructura organizativa de gran complejidad, intervienen tantas manos para que todo siga su curso, que la lentitud, en sí misma, se identifica como un rasgo «eficiente» de las instituciones. Pondré un ejemplo, desde la redacción de una ley hasta que ésta es aprobada por un consejo de ministros, puede transcurrir un año. En segundo lugar, si se quiere dar mejor respuesta a las demandas de la sociedad civil, es preciso engrasar los canales de participación; en muchos ayuntamientos de ciudades medianas, o de gran tamaño, las organizaciones de la sociedad han de estar reconocidas de utilidad pública, además de tener que inscribirse en la corporación local-. Sin este trámite es imposible convocar reuniones, ni siquiera oficializar unas actas. Todo está protocolizado. Y, en tercer lugar, es necesario aumentar el interés de la ciudadanía por los asuntos públicos, es la principal «vigilancia» de la acción de gobierno. Naturalmente, nadie puede extrañarse de la desafección política, dadas las confrontaciones entre grupos políticos; de hecho, seis de cada diez votantes se muestran insatisfechos con la clase política (Pew Research Center, octubre 2021). Pese a todo ello, hay que valorar la presencia de

---

[3]   Juan Linz, Xavier Coller, Daniel Innerarity, Enrique Saravia, Joan Subirats, Nancy Fraser, Martha Nussbaum, Luis F. Aguilar, Manuel Alcántara, Gema Pastor o Francisco Longo, entre otros.

nuevas formas de organización política: plataformas ciudadanas, asociaciones vecinales, incluso sectores privados, representan nuevas formas de implicación política, porque nadie sabe tanto de una política pública, que quienes soportan sus deficiencias.

Gracias a la entrada en vigor de polémicos proyectos legislativos, se logra atraer la atención de la ciudadanía. Siempre son las leyes más controvertidas para la opinión pública, las más conocidas por todos. Un ejemplo fue la ley de Eutanasia (L. O. 3/2021) que, además de regular la praxis médica ante enfermedades irreversibles, introdujo el derecho a decidir con un alto grado de autonomía en los momentos de mayor fragilidad personal. La premio Nobel de Química, Rita Levi-Montalcini, describió el sentido de la supervivencia: «Vivir es la posibilidad de conservar tu dignidad ante la enfermedad, ser consciente de que quiero y me quieren».

Para aclarar posiciones, cuando menciono las políticas de igualdad me refiero a la igualdad de género, según la definición del Convenio de Estambul del Consejo de Europa en materia de violencia (artículo 3, C): «por género se entenderán los papeles, comportamientos, actividades y atribuciones que una sociedad considera propios de hombres y mujeres». Traducido a políticas públicas, estoy convencida de las enormes ventajas de no mezclar la agenda del colectivo LGTBI con la agenda de igualdad, separadas ambas ganan eficacia. Así lo manifestamos como delegación española en diferentes reuniones internacionales de la CSW, la última celebrada en 2019, donde se volvió a reconocer a España como un país pionero en la regulación del matrimonio homosexual (Ley 13/2005). En 2018, el Ministerio de Igualdad crea, por vez primera, una Dirección General para la Igualdad de Trato y Diversidad Étnico Racial, con un Consejo de Participación[4], como mecanismo de participación que utilizan las direcciones generales. Lo habitual ha sido «sumar» a las políticas de igualdad la agenda

---

[4]   En la XII legislatura, dicha Dirección General dependía de la Secretaría de Estado de Igualdad, en el Ministerio de la Vicepresidencia del Gobierno, Relaciones con las Cortes e Igualdad.

de diversidad sexual[5], pero sin incremento presupuestario para sostener programas de actuación, una tónica seguida por muchos países europeos (Alemania, Grecia, Portugal, Italia, Reino Unido, Noruega, Finlandia). Considero que existe suficiente entidad tanto de las políticas de igualdad, como de las políticas de diversidad sexual, como para dotarlas de entidad propia, cuya diferenciación sería conveniente para ambas:

- Si aún es difícil que las políticas de igualdad se desprendan de familia, juventud o dependencia, sumar los derechos del colectivo LGTBI es otro factor que contribuye a la dispersión de medidas y recursos, desfigurando ambas políticas públicas.

- Contar con una estructura funcionarial especializada supondría duplicar los presupuestos, no restándolos a las políticas de igualdad —la lucha por la escasez es la peor de las tensiones— y, además, legitimaría reclamar capítulos de gasto propios.

- La creación de consejos de Participación de LGTBI específicos traería consigo nuevas obligaciones, tanto para sindicatos y organizaciones empresariales (que participan en todos los consejos), como para otras entidades sociales. Sin obviar la importancia de traducir esta diferencia en la negociación colectiva.

- Si se institucionalizan diferentes agendas, esta división repercutiría en la creación de comisiones en ayuntamientos, parlamentos autonómicos o en las Cortes. Se trata de no conformarse con las celebraciones de rigor: el Día del Orgullo Gay o, en clave feminista, el 25 de noviembre y el 8 de marzo.

No aspiro a sintetizar el extraordinario desarrollo de las políticas sobre las desigualdades en las áreas digital, retributiva,

---

[5]   En España, en el año 2008 se creó un Ministerio de Igualdad (R. D. 1135/2008).

geográfica, urbana o de la salud en nuestra historia reciente, entre otras, o en cuanto a los estudios sobre el uso del tiempo, fiscalidad, crisis energética, innovación social; tampoco describiré los métodos de evaluación de las políticas públicas, puesto que cada una de las metodologías requeriría un texto completo. La pregunta que articula los cinco capítulos de este libro podría formularse de esta manera: ¿Cómo sobreviven las políticas de igualdad entre dos titanes: la función pública y los partidos políticos? Ambas instancias coinciden en la rigidez de sus procedimientos y jerarquías. Además, de una interpretación común sobre el contenido de la igualdad de oportunidades:

- Una restringida representación de las políticas de igualdad como un asunto de mujeres: violencia de género, cuidados, desempleo, trastornos alimentarios... lo cual muestra hasta qué punto son los «problemas» los que prevalecen sobre sus aportaciones.

- Una calificación como «colectivo» tan reiterativa como falsa, si tenemos en cuenta que las mujeres representan la mayoría de la población, según los datos consecutivos del Instituto Nacional de Estadística (INE). Una denominación nada inocente, para adjetivarlas a la baja como: un colectivo con «especiales» dificultades.

- La función pública y su invocación a la racionalidad decae a la hora de valorar la importancia de las políticas de igualdad. Todo el mundo cree entender en qué se basan, de ahí que se sobrevalore la sensibilidad de los altos funcionarios de la Administración «es una persona que se lo cree», lo he oído tantas veces, como un atributo excepcional, cuando debe ser la profesionalidad el criterio que defina la prestación de un servicio público de calidad.

- El grado de eficacia de las políticas públicas dependerá de la creación de canales —no solo online— para incentivar la participación ciudadana, como lo es convocar comités de personas expertas para realizar informes sobre materias complejas (por ejemplo, los libros blancos de la dependencia, entre otros). De sus criterios de elección y de su falta de transparencia hablaremos más adelante.

Una de las primeras lecciones aprendidas sobre la percepción de las políticas de igualdad la experimenté en la última fase de discusión sobre la Ley Orgánica para la Igualdad Efectiva de Mujeres y Hombres, L. O. 3/2007 (LOIMH), que se llevó a cabo en Moncloa bajo la dirección del jefe de Gabinete de la Presidencia del Gobierno, José Enrique Serrano; allí nos dábamos cita los representantes de todos los ministerios implicados al objeto de ultimar la redacción de la norma. Durante seis meses, y con una excelente disposición al acuerdo, discutimos los temas más espinosos de su articulado, pero también quedaron plasmadas las interpretaciones que se adherían sobre la naturaleza de las políticas de igualdad. Me explicaré. Era fácil validar aquellos artículos de la ley que corregían desigualdades —como el 46, centrado en el ámbito laboral, una realidad ante la que no cabía discusión—, pero en cambio no sucedía lo mismo ante las políticas activas que, por novedosas, carecían de antecedentes, como la creación del permiso de paternidad (art. 48.4). En este último caso, surgían las dudas respecto a su necesidad, recurriendo a lo incierto de su aplicación: ¿es el momento político adecuado?, ¿lo aceptará la patronal?, ¿y si los padres lo interpretan como tiempo de ocio? La aplicación de los derechos se pone a prueba ante medidas que requieren una apertura mental, es decir, que reclaman valentía institucional; mientras que las políticas antidiscriminación se identifican fácilmente, basta con datos estadísticos fiables y comparar quiénes tienen más privilegios.

A propósito de las creencias, nos viene muy bien recordar al sociólogo Erving Goffman, quien acuñó el concepto marcos de sentido, o herramientas cognitivas con las que interpretamos la realidad —el encuadre o *framing*—. Dicho de otro modo, todos los individuos compartimos un conjunto de percepciones, hábitos o costumbres, y gracias a este principio nos entendemos, tanto en la esfera privada como en la pública. Los reconocemos en contextos de poder, desde la idea religiosa de pecado, hasta los mensajes que usa el líder de un partido político cuando se dirige a su segmento electoral. Los marcos de sentido también se detectan en relación con las políticas de igualdad. En este caso, se les dota de una visión más individual que institucional; por ejemplo, al reunirme con empresarios, o con directivos de potentes bufetes, para presentarles la Ley de Igualdad, invocaban su vida cotidiana: «Yo tengo dos hijas», o bien «me crie entre mujeres», mensajes que denotan un elemento de empatía personal —muy de agradecer— pero estas confidencias logran sustituir el interés sobre la materia:

1. Las emociones ganan terreno frente a los argumentos, y con más ímpetu en cuanto al significado sobre qué son y para qué sirven las políticas de igualdad. Mi experiencia, y la de otras mujeres que han ocupado cargos públicos, coinciden en describir los obstáculos que persisten a la hora de definirlas.

2. Se duda sobre la utilidad de las normas. No existe discusión cuando se regulan temas muy reconocidos —el Código Civil, urbanismo, educación, entre otras—, pero en cuanto a las leyes de igualdad la ciudadanía confía más en la educación, o en una progresiva madurez de la opinión pública, que en la promulgación de leyes específicas que sancionen la desigualdad entre mujeres y hombres.

3. Reforzar su eficacia. Necesitamos unas Administraciones donde la transversalidad de las políticas públicas no suponga un trabajo extra impuesto desde arriba, sino la ocasión para comprender su utilidad; mencionar la sostenibilidad, la inteligencia artificial, o la paridad en la toma de decisiones, precisan de una inteligencia colectiva, de un sofisticado sistema de gestión liberado de compartimentos estancos propios de la función pública.

4. Evitar los retrocesos de la agenda política. Cada partido político que alcanza el Gobierno pretende imprimir su propia agenda, mostrar la singularidad de su ejercicio —y está en su derecho—. Pero la ciudadanía desconoce los terribles efectos de «borrar la pizarra», lo que sucede cada vez que se cambia de gobierno, de esta manera las aportaciones, o temas pendientes de tramitación, solo serán recuperados en función de la voluntad política para hacerlo. Toda una lotería.

Decidí organizar esta presentación en cinco capítulos, empezando sobre la propia función pública, sus orígenes con las primeras funcionarias; ya en el segundo capítulo, abordaré la transversalidad y su dudosa supervivencia, más allá de sus análisis académicos; en el capítulo 3, describiré los ejes en los que se apoya la función pública: control, memoria y especialización. Para dar un espacio a los partidos políticos y los sindicatos cuando ejercen la libre designación de los cargos electos; ya en el capítulo 4, quiero terminar con los desvelos de la participación de la gobernanza, un término magnífico ideado para incentivar la coordinación, tanto entre pares como entre los adversarios políticos.

LA FUNCIÓN PÚBLICA

> Administración Pública: «Función del Estado
> que consiste en aplicar las leyes y cuidar de los
> intereses y el bienestar público. Conjunto de todos
> los organismos que desempeñan estas funciones».
>
> María Moliner, *Diccionario de uso del español*

- La apertura de la Administración a un funcionariado mixto.
- La ausencia de un personal especializado y su dificultad para consolidarlo.
- ¿Qué reputación tienen las políticas de igualdad en las instituciones?
- Tramitación de leyes y proposiciones de leyes. Grandes diferencias.
- Aplicar la agenda política depende de las administraciones públicas.
- La jerarquía en las Administraciones: los «pata negra» y los otros.
- Jefaturas de gabinete y asesores, el soporte de los cargos públicos.

1. TODO EMPEZÓ EN FREGENAL DE LA SIERRA

El origen de la Administración en nuestro país cuenta con un nombre propio, Juan Bravo Murillo, natural de Fregenal de la Sierra (Badajoz), quien ocupó los ministerios de Gracia y Justicia; Comercio, Instrucción y Obras Públicas; Hacienda; su primer oficio de oficial administrativo le aportó un conocimiento de la Administración muy útil cuando después ocupó la Presidencia del Gobierno en 1850. Consciente del papel que podría jugar la burocracia para servir de contrapeso a otras fuerzas sociales, como el Ejército o como una clase política inmersa en guerras y revoluciones, se atrevió a mostrarse contundente: «cuanta más Administración, menos política». Elevó a ministerios las que antes fueran las secretarías de Estado, con ello buscaba otorgar mayor solidez al proyecto de ley que regularía el régimen jurídico de los empleados públicos: acceso, estabilidad salarial, ascensos, entre otros.

En 1866 el Estatuto de O'Donnell nació con la vocación de satisfacer las demandas de una sociedad ignorada por las ambiciones personales de los políticos. Separar la gestión administrativa de las eventualidades políticas se reflejó en la Ley de 25 de junio de 1864, en la que se establecían reglas para el ingreso y promoción en las carreras civiles de la Administración Pública. Pese a tener en 1900 un analfabetismo femenino del 66 % frente al 46 % masculino, en 1910, y por Real Orden de 2 de septiembre, las mujeres pudieron opositar para el cuerpo de funcionarios (la misma fecha que permitió también su entrada en la universidad); preferentemente solteras. Todo comenzó en el Ministerio de Instrucción Pública y Bellas Artes, concretamente con el cuerpo facultativo de archiveros; en 1913, estrenó empleo público Ángela García, a la que siguió, entre otras, María Moliner, con su primer destino en el archivo de Simancas[1]. Habría que esperar al Estatuto de Maura[2] para optar a otros puestos de la Administración, como las primeras auxiliares en el Tribunal de Cuentas del Reino (creado en 1870), en el que

---

[1] Gracias a la Subdirección General de Archivos Estatales, Archivo Histórico Nacional, por divulgar sus nombres: Áurea Javierre, Josefa Callao, Carmen Caamaño, Consuelo Gutiérrez, Pilar Loscertales o Concha Zulueta.

[2] Hasta 1935 no habrá mujeres con la categoría de oficial, incluso en Hacienda, el ministerio más feminizado. Fue en 1962 (Ley 56/1961), con el Estatuto del Empleado Público, cuando se extendieron los derechos profesionales para la Administración Pública, pero donde se homologaba la admisión —aunque no entre cargos públicos—, aunque todo el personal hubiera de jurar los Principios Fundamentales del Movimiento Nacional.

su pionera[3], Asunción Luzón, consiguió impulsar la regulación del ascenso de las trabajadoras dentro del escalafón de puestos.

Justo antes de los comicios generales de la II República, en 1931, y en un Parlamento con tres diputadas —Clara Campoamor, Victoria Kent y Margarita Nelken—, se protagonizó el debate sobre el sufragio universal. La abogada Campoamor consiguió democratizar el voto al extenderlo a toda la población en las elecciones de 1933, pero a costa de un exilio político y personal: huyó de España por miedo a las represalias, pero nos dejó un hermoso texto sobre su odisea, *El voto femenino y yo*[4]. La Guerra Civil (1936-1939) provocó la mayor distorsión en el sistema de la función pública. La sublevación militar hizo que se creara, prácticamente de la nada, un aparato administrativo que avanzaba según se producía la contienda y, por supuesto, con las credenciales ideológicas de un régimen totalitario; se requería un gran volumen de personal burocrático tras la finalización del conflicto. De esta manera, se consolidó un estatus administrativo entre los vencedores del golpe de Estado, mientras que aquellos que habían desempeñado puestos durante la República serían automáticamente depurados. Por añadir más nombres propios, además de la primera mujer ministra Federica Montseny, que terminó en un campo de refugiados francés, la primera mujer diplomática en la II República, Margarita Salaverría, vio eliminado su empleo porque la diplomacia franquista corrió a cargo de los más fieles al régimen. Hasta 1971 no ingresó otra mujer en el cuerpo diplomático, María Rosa Boceta; y con la llegada de la democracia, ya en la primera legislatura[5], fue nombrada una única ministra. Una trampa que consiste en que

---

[3] Agustín TORREBLANCA. *Pioneras (1922-2022): cien años de la mujer en el Tribunal de Cuentas*. Madrid: Tribunal de Cuentas, 2022.

[4] Clara CAMPOAMOR. *El voto femenino y yo: mi pecado mortal*. Sevilla: Editorial Renacimiento, 2018.

[5] En la I legislatura, con el Gobierno de UCD, de Leopoldo Calvo Sotelo (1979-1982), se nombró a Soledad Becerril. Otros gobiernos de ideología progresista siguieron la misma lógica, una exigua minoría de mujeres en carteras ministeriales. Hasta la VIII legislatura no hubo un Gobierno paritario (2004-2008).

«unas pocas» sirvan para representar a «todas», a pesar del papel que jugaron las mujeres en la restauración de la democracia tras la dictadura franquista[6].

La familia tuvo un papel fundamental durante la época franquista como elemento de socialización según los valores del régimen, para los cuales el futuro de las mujeres era definido por la hermana de Primo de Rivera, Pilar, a través de la Sección Femenina. En la vida académica, María Ángeles Durán escribió en 1977 un texto que desvelaba todo el trabajo invisible realizado en el hogar, en el ejercicio de roles explicaba un desigual uso del tiempo. Las políticas de familia se encuadraban dentro de las políticas de bienestar social. El origen arranca después de la II Guerra Mundial, coincidiendo con el Plan Marshall; para el secretario de Estado George Marshall existían tres tipos de ciudadanía en 1947: la política —o la participación en los poderes públicos—, la ciudadanía civil —en la cual se inscriben los derechos— y la ciudadanía social —el acceso al estado de bienestar—. Las mujeres han sido reconocidas dentro de la cobertura que ofrecía la ciudadanía social, pero se ha requerido de una obstinada lucha feminista para inscribirse en el resto de los tipos de ciudadanía, tanto para consolidar la participación política como para el ejercicio de los derechos civiles. En nuestro país, la protección comenzó con el primer paso que se dio con la Ley General de la Seguridad Social (1974) y en el texto constitucional (art. 39). Aunque hubo que esperar hasta el año 2000 para contar con ayudas específicas a las familias, en concreto hacia hijos, e hijas, en situación de exclusión (Real Decreto 1/2000). Es evidente que las políticas familiares pertenecen a las políticas sociales, pero no necesariamente a las políticas de igualdad, las cuales deberían gozar de entidad propia. Ya en marzo de

---

[6]   En las primeras Jornadas por la Liberación de la Mujer (1975), así como en las Jornadas Catalanas de la Dona (1976), ya se vindicaban la igualdad en el trabajo y el salario, el acceso a cargos de responsabilidad o la creación de guarderías públicas. En 1977 se creó la Subdirección General de la Condición Femenina, y en 1983, el Instituto de la Mujer (Ley Orgánica 16/1983).

2024 se lanzará la primera ley de familias con unos derechos más ampliados y, sobre todo, atendiendo a su diversidad. El problema es la fusión entre ambas a la hora de definir competencias en la Administración local, central o autonómica. Pondré un ejemplo para entendernos mejor: la vindicación de guarderías públicas para criaturas 0-3[7] se encuadra dentro de todos los programas de igualdad, cuando esta cobertura debería incluirse en el área de políticas sociales, porque representa una oferta de servicios públicos; de lo contrario, se enuncia como una solución para las mujeres, como si éstas fueran las únicas beneficiarias directas, por mucho que se añada la coletilla en masculino: y para los padres. Esta persistente asimilación equivale a institucionalizar el cuidado y contribuye a señalar quiénes son las principales responsables de procurarlo, además de reforzar el mandato social de cubrir las necesidades ajenas. Hagámonos una pregunta incómoda: ¿cómo podemos convivir sin renuncias, cuando se inicia un proyecto de vida común? La respuesta nos la ofrecen las encuestas sobre el uso del tiempo del Instituto Nacional de Estadística, cuyos datos evidencian una persistente desigualdad entre mujeres y hombres, en atención a las tareas de cuidados cuya exigencia compromete trayectorias laborales, entre otros derechos.

Bien es cierto que los protagonistas de todos los acontecimientos históricos fueron mayoritariamente hombres, y de las clases más altas, pero también es cierto que el género masculino, como tal, quedaba representado en los nombres propios de la conformación del Estado. Describir a la mitad de la población como no apta para los asuntos públicos ha sido una constante, a pesar de los actos de rebeldía ante contextos mojigatos y rancios, como el protagonizado por las mujeres de la generación del 27, las llamadas *Sinsombrero*, por quitárselo, como un acto simbólico, en la Puerta del Sol para que «circularan las ideas», mujeres como Maruja Mallo o Margarita

---

[7]   En los Presupuestos Generales del Estado aprobados en 2021, se destinaron 670 millones de euros para crear 65.000 nuevas plazas públicas en los próximos dos años, hasta el año 2023.

Manso junto a García Lorca o Salvador Dalí[8], sin olvidarnos de Concepción Arenal, Emilia Pardo Bazán, Carmen de Burgos o Federica Montseny, descontando a otras muchas anónimas, que vindicaron aumentar la presencia de mujeres en la vida pública[9], el lugar de la gloria y las decisiones, como escribía John Stuart Mill. En este sentido, el término habitualmente empleado, «la reciente incorporación», no refleja el peso de la exhaustiva discriminación académica y profesional[10] (hasta 1910, como antes señalé, no podían matricularse en la universidad), frente al libre acceso de los hombres a cualquier ámbito social y político. Pero no nos engañemos, se trata de un comportamiento habitual en las sociedades del siglo xx. Recuerdo a una sindicalista chilena de la Codelco[11] exponer el decisivo peso de las mujeres en las luchas de 1971 para nacionalizar las minas de cobre en manos de las multinacionales americanas. Cuando todo se consiguió a ellas les rindieron grandes homenajes, mientras que sus compañeros conformarían la futura élite política.

¿Quiénes trabajaron en las primeras instituciones democráticas de igualdad? Aquellas mujeres procedentes de los movimientos políticos durante la clandestinidad, las de los años sesenta, como el Movimiento Democrático de Mujeres (MDM), o el Frente de Liberación de la Mujer (MLF) en 1976. El mismo año que Lidia Falcón fundó el Partido Feminista y se editó la primera publicación periódica, *Vindicación Feminista,* desde la Guerra Civil. Cuando desaparece la Sección Femenina, el Movimiento Feminista

---

[8]   Tània Balló, *Las Sinsombrero. Sin ellas la historia no está completa.* Madrid: Espasa, 2016. De la misma autora, *Las Sinsombrero 2. Ocultas e impecables.* Madrid: Espasa, 2018.

[9]   Gracias a historiadoras como Rosa María Capel, Gloria Nielfa, Concepción Fagoaga, Isabel Morant, Mary Nash, Josefina Cuesta, Asunción Esteban, Margarita Ortega, Pilar Ballarin, Michelle Perrot, entre muchas otras, conocemos los efectos de dicha segregación.

[10]   Hasta 1966 las mujeres que habían cursado la carrera de Derecho no pudieron acceder a la carrera judicial y fiscal.

[11]   Salvador Allende, en 1976, nacionalizó la industria del cobre, creando la Corporación Nacional del Cobre (CODELCO).

negocia ocupar sus locales, coincidiendo con la legalización del derecho de reunión y manifestación. Institucionalmente se funda la Subdirección de la Condición Social Femenina, dirigida por Pilar Izaguirre bajo el Gobierno de UCD. Los nuevos partidos políticos, como los sindicatos, CC. OO. y UGT, crearían unas incipientes Secretarías de la Mujer; pero la primera institución pública, con entidad propia, fue el Instituto de la Mujer, con el Gobierno del PSOE (Ley 16/1983). Gracias a su rango de organismo autónomo, contaría con un capítulo de gasto en los Presupuestos Generales del Estado. Su primera directora fue Carlota Bustelo (1983-1989), diputada de las Cortes constituyentes (1977-1979), quien, además de politóloga, era una conocida militante feminista. Competencia y posición ideológica demostró ser un binomio de alto rendimiento. Contábamos con perfiles semejantes en el país: María Aurelia Campmany, concejala en el Ayuntamiento de Barcelona (1984-1991), o la psiquiatra Carmen Sáez, primera directora general de la Mujer en la Comunidad de Madrid (1989-1991), entre los nombres más sobresalientes. En 1983, el Gobierno español ratificó el Convención sobre todas las formas de Discriminación contra la Mujer (CEDAW), lo cual implicaba ajustarse a una agenda de igualdad exigente y con vocación de derechos universales.

La institucionalización de las políticas de igualdad fue un proceso que ganó eficacia al incorporarlas al núcleo del Estado y, precisamente gracias a ello, se mejoraron sus actuaciones, nos dice Judith Astelarra. Hemos de reconocer que su implantación fue decisiva, en la medida que extendían sus programas para incluirlos en las competencias de otros organismos. Este escenario fue el embrión del que sería el primer Plan de Igualdad de Oportunidades (1988-1991), y sus contenidos una innovadora tentativa de transversalidad en nuestro país. En las mismas fechas, la Comisión Europea lanzó el programa NOW *(New Opportunitties of Woman)*, así como la financiación de muchos proyectos a través de las iniciativas comunitarias del Fondo Social Europeo y se impulsó la Subdirección de Programas de Empleo del Instituto de la Mujer, a cargo de Ángeles Sallé, en una colaboración con el Instituto de Nacional de Empleo (INEM). Una cooperación durante tres largos años, todo un ejemplo de programas de empleo innovadores para subsanar la tasa de paro femenina. No obstante, ni sus contenidos ni sus fórmulas de trabajo han permeado en los servicios públicos de empleo y, menos aún, en sus tareas, no figura en su know how. El Instituto de la Mujer fue un referente en el diseño de materiales —cuyos contenidos se podrían editar hoy en día, con apenas cambios estadísticos— a iniciativa de las subdirecciones de Coeducación, dirigida por Ana Mañeru, o el área de Salud, con Begoña López-Dóriga, programas que fueron pioneros en los cambios de mentalidad de un país, que apenas contaba con veinte años de democracia.

En el mapa territorial hubo un salto extraordinario, los organismos se adscribieron al máximo nivel de sus gobiernos. En 1988 se creó el Instituto Vasco de la Mujer-Emakunde, dependiente de la Presidencia del Gobierno vasco (Lehendakaritza), bajo la dirección de Txaro Arteaga. En 1989, se funda el Institut Català de les Dones, adscrito a la Presidència de la Generalitat, presidido por Joaquima Alemany, y, en la misma fecha, el Instituto Andaluz de la Mujer (IAM), cuya directora, Carmen Olmedo, promovió la primera Red Integral de Atención a Víctimas. Esta innovadora medida inspiraría muchos artículos de la ley estatal de 2004. Los organismos de igualdad fueron institucionalizando las políticas públicas, provistos de una plantilla cada vez más cualificada, tanto para solicitar ayudas de los proyectos europeos, como para aplicar en nuestro país las vindicaciones expresadas en 1995, en la Conferencia Mundial de las Mujeres. Un evento que comprometió a la mayoría de los gobiernos para modernizar los programas de igualdad. A pesar de ello, las primeras trabajadoras de los institutos de la Mujer no tuvieron la oportunidad de ser asimiladas a la función pública al no regularse, en el capítulo de méritos, su trayectoria laboral. En consecuencia, la mayoría de ellas se convirtieron en expertas en consultorías de igualdad[12] las cuales, y gracias a su perfil, además de mantener vivas sus redes institucionales, las sitúo

---

[12]   En cambio, otras optaron por el sector privado, creando sus propias empresas. Las pioneras fueron la Fundación Mujeres adscrita al PSOE (www.

como grandes conocedoras de la materia. Llama la atención que
las Administraciones no arbitraron canales para rentabilizar la innovación que supusieron las primeras actuaciones sobre políticas
transversales y, hoy en día, las competencias en igualdad siguen
sin ser reconocidas como una especialidad de la función pública.
Quiero decir con ello que las políticas de igualdad mantienen un
bajo estatus, una suerte de recién llegadas a la Administración. En
el gobierno central, Patrocinio de las Heras, aplicó la perspectiva
de igualdad al Bienestar Social y, posteriormente, en 1983 quedaron inmersas en el Ministerio de Asuntos Sociales, a cargo Matilde
Fernández. Tuvimos que esperar al año 2004[13] para contar con el
primer alto cargo de igualdad, sin otras competencias adyacentes:
familia, discapacidad, juventud, etcétera.

En muchas ocasiones se apela a la falta de formación del funcionariado para aplicar la transversalidad, y no les falta razón. Sin
figurar aún en los programas de las asignaturas, en 1979, María
Ángeles Durán y Pilar Folguera, inscribieron el primer Seminario
de Estudios de la Mujer en la Universidad Autónoma de Madrid;
luego, en los años noventa, ya como Instituto Universitario de
Investigación, se ofertaron más de veinte especialidades. En las
mismas fechas se creó el Instituto de Investigaciones Feministas,
en la Universidad Complutense de Madrid, dirigido por la filósofa Celia Amorós[14]. Les contaré una anécdota sobre cómo vencer
las resistencias de la universidad. La catedrática Amorós colocó
una mesa en el vestíbulo de la Facultad de Filosofía con un cartel

fundcionmujeres.es) y otras consultoras como Likadi (www.likadi.com) o Fundación Directa (www.fundaciondirecta.org).

[13] Con cargo público serían 13 años: 2004-2008; 2008-2011; 2018-2019;
2020-2024 (contabilizando legislatura completa). Del 2011 al 2018 volvió a unirse
a Servicios Sociales, previa eliminación del ministerio en el 2010, que se volvió a
restaurar, sin otras competencias, en 2021 (XV legislatura).

[14] Ha dedicado gran parte de su obra a explicar el origen del principio de
igualdad en el siglo XVIII. Su texto *Teoría feminista: de la Ilustración a la Globa-
lización* (Madrid: Minerva Ediciones. 2005) nos sirve para conocer tres siglos de
compromiso en los derechos ciudadanos.

que denunciaba la negativa para disponer, semanalmente, de un espacio para impartir historia del feminismo. Gracias a esta magnífica obstinación —recogida por Marta Madruga— disfrutamos de un centro fundacional. Mientras, en nuestro país el profesorado académico con formación en universidades internacionales, donde los estudios de género sí estaban consolidados, aquí los ignoraron con tesón y sin atribuir a esta disciplina el estatus de conocimiento científico. Ese grave déficit fue el mejor incentivo para regular la creación de unidades de igualdad en todas las universidades mediante ley orgánica, la Ley Orgánica para la Igualdad de Mujeres y Hombres, L. O. 3/2007 (LOIMH), como mecanismo de transversalidad entre las diferentes áreas de departamentos, decanatos y rectorados.

2. SIN ÁREA DE IGUALDAD EN LA ADMINISTRACIÓN

No contamos con un área de igualdad en las Administraciones Públicas, a pesar de la oferta en otras especializaciones: 1) Administraciones Públicas; 2) Instrumentos de gestión; 3) Gestión jurídico-administrativa; 4) Gestión económico-financiera; 5) Gestión de recursos humanos y de servicios públicos; 6) Instrumentos de gestión digitales. Carecer de esta área específica repercute en la oferta de cursos de formación; a pesar de contar con una voluminosa normativa europea en igualdad, ya desde el Tratado de Ámsterdam de 1999, con numerosas medidas antidiscriminación. Este déficit provocaba que las políticas de igualdad se concentraran en el Instituto de la Mujer, una estructura insuficiente para lograr la transversalidad, porque como dirección general, carecía de rango para asistir a la Comisión General de Subsecretarios y Secretarios de Estado, un órgano que comparte las iniciativas de cada ministerio —todas las semanas, en vivo y en directo— para elevarlas al Consejo de Ministros, presidido por la vicepresidenta primera y jefatura de gabinete de presidente. Un espacio exclusivo para estos cargos, los cuales disponen de información sobre el conjunto de la acción de gobierno, dado que todos los ministerios explican allí sus propuestas. Cuando no se participa de semejante espacio, no solo se carece de incidencia política, sino que el resto desconoce las políticas de igualdad. Razones que volvieron urgente elevar su visibilidad creando un ministerio, para compartir el poder ejecutivo.

También fue un hecho trascendente, en 2007, que todo concurso oposición para concurrir a las Administraciones Públicas contuviera en sus temarios las políticas de igualdad, como materia, gracias a la Ley Orgánica para la Igualdad Efectiva de Mujeres y Hombres, L. O. 3/2007 (LOIMH). Porque hasta entonces se estaba obviando la prolífica normativa internacional de igualdad. Desde la integración de España en Europa (1 de enero de 1986) ya contábamos con Tratados de la Comisión Europea, Directivas Europeas, Resoluciones, que hubieran sido de gran utilidad de haberse incluido en las pruebas de acceso a la función pública. No era baladí preguntarse, por qué nos extraña que los distintos cuerpos no lo incorporen a su práctica profesional, si desconocían su alcance internacional. Los únicos viveros de personal especializado, con experiencia profesional, se concentraban en organismos de igualdad: Institut Català de les Dones, Emakunde, Instituto Asturiano de la Mujer, Institut Balear de la Donna, Instituto Canario de Igualdad, entre otros[15].

3. AUSTERIDAD EN DERECHOS

Las políticas públicas se debilitaron por las sucesivas crisis económicas cautivas del Plan de Austeridad (Real Decreto, 264/2011). Por su causa, todas las Administraciones padecieron enormes restricciones en sus capítulos presupuestarios, en especial, en la convocatoria de la Oferta de Empleo Público (OEP),

---

[15] Cuando escribo estas páginas (2024), grupos políticos de inspiración reaccionaria están acabando con las instituciones de igualdad y todos los programas que las definen.

que registró una severa disminución de la tasa de reposición (que mide la convergencia entre el número de personas jubiladas y las incorporaciones para cubrir esas vacantes). Seguimos con una Administración carente de recursos. Según la OIT, el número de funcionarios de la Administración Pública española era en el año 2022 menor que en otros países: 162 empleados públicos por cada 1000 trabajadores, mientras que eran 213 en Francia o 219 en Irlanda, por citar un par de países. El Gobierno central cumplió con las prescripciones económicas, no convocó plazas y se mantuvo en su plan restrictivo, pero sin medir su impacto en las políticas públicas; es decir, sin calcular los traumáticos recortes sobre las políticas de bienestar social y de igualdad. Pondré un ejemplo: la Ley de Racionalización y Sostenibilidad de la Administración Local (2013)[16] reguló —sin que le temblara el pulso al Ministerio de Hacienda— la eliminación de las competencias en materia de violencia de género en todos los ayuntamientos, siendo estas Administraciones las más cercanas a la ciudadanía. Tan solo durante la pandemia —en la que tuvo que triplicarse el gasto público— y con la última oferta de empleo público (OEP, 2022) aumentaron las plazas para la Seguridad Social (debido al número de prestaciones, Ingreso Mínimo Vital, Clases Pasivas, Permiso de Paternidad obligatorio, entre otros); pero seguimos sin respuesta ante las necesidades de un personal especializado en políticas de igualdad y en las políticas de bienestar social.

El gasto público, o el gasto que realiza un país a lo largo de un año, se mide en su relación al PIB (47,4 %, en 2022), en el que se incluyen los servicios públicos, cuyo número serviría para medir la eficacia de las Administraciones. La capacidad de gasto depende de la fiscalidad (ingresos tributarios e impuestos), sin olvidar

---

[16]   Hubo que esperar cinco años para cumplir con las medidas del Pacto de Estado contra la Violencia de Género, con una habilitación de competencias (Real Decreto 9/2018). En el año 2020, se aprobó un R. D. de Medidas Urgentes para la Modernización de la Administración Pública y Ejecución del Plan de Recuperación, Transformación y Resiliencia (Real Decreto-ley 36/2020).

otras contingencias, como el impacto de las crisis económicas o el pago de deuda pública. Es curioso que la sociedad civil aún perciba que el sector público está sobredimensionado, pero según la Intervención General de la Administración del Estado (IGAE) disponemos de 16.851 organismos públicos, un organismo público por cada 3000 habitantes, por lo tanto, estamos ante una falsa impresión. La creencia de una enorme maquinaría administrativa generó la nefasta idea de la duplicidad institucional (hecho que desmienten quienes estudian la España vaciada) este propósito se plasmó en una simplificación administrativa, que aún hoy padecemos. Nuestra administración no es tan voluminosa, tomando el dato de la ocupación laboral, solo un 17 % trabaja en el sector público y un 83 % lo hace en el sector privado (EPA, segundo trimestre, 2023).

A pesar de la percepción de ser un país con demasiado funcionariado, los organismos de igualdad mantienen un problema extra para cubrir plazas. De entrada, porque se carece de incentivos reales de movilidad para reforzar cualquier plantilla. Tanto el Instituto de la Mujer (o de las Mujeres, desde 2020) como el Ministerio de Igualdad, registran un número preocupante de plazas vacantes; en cambio, tenemos la fortuna de encontrar perfiles aptos para estas tareas entre el funcionariado, que serían quienes cuenten con una especialización de posgrado, máster o hayan estado en organismos de igualdad. No es fácil hacer coincidir las motivaciones del personal con las características del puesto. Al final, todo gravita en torno a los complementos salariales, que son los auténticos criterios de elección. En el portal del Empleado Público (FUNCIONA)[17], en su apartado de Movilidad, la decisión estará ligada a la retribución y en función del baremo establecido por el Ministerio de Hacienda y Función Pública. Todo esto configura un diabólico círculo que impide emprender proyectos a largo plazo, lo que significa que, unido al eterno déficit presupuestario, se aplazará su cobertura al depender de las compensaciones, y esto dejará a las políticas de igualdad

---

[17] https://administracionelectronica.gob.es/ctt/verPestanaGeneral.htm?idIniciativa=funciona#.ZFYaAXZBxD8

a expensas de una rotación que, con suerte, aporte personas con un interés explícito en la materia.

Entre los objetivos esenciales del Ministerio de Hacienda (su antigüedad le delata, 1714) se estableció la norma de encomendar ajustes ante toda iniciativa de la Administración Central: haced lo que podáis, pero sin tocar los presupuestos, vendría a describir la situación nacional. Cuando el verdadero dilema no serían los capítulos de gasto, sino en qué se invierte; las prioridades deberían ser marcadas en función de su convergencia, con el denominado interés general. Un dato: hasta el año 2004 carecíamos de legislación específica sobre la violencia machista y fue en 2017, gracias al Pacto contra la Violencia de Género, cuando se estipularon fondos públicos para transferir ayudas a los ayuntamientos, con la finalidad de difundir medidas de sensibilización y prevención, ya convertidas en obligatorias (Real Decreto 503/2022). En esta sala de espera que es la maquinaria del Estado, siempre conviene hacerse preguntas incómodas: ¿cómo se explica que la violencia se tipificara en el Código Penal, aunque sin alcanzar el estatus de asunto de Estado, hasta promulgar una ley orgánica en el año 2004?

Sabemos que las actividades de los gobiernos son productivas (contratación de empleados públicos, sanidad, infraestructuras, etcétera) y distributivas (seguro de desempleo, pensiones, prestaciones sociales); en esta división de funciones, cada propuesta legislativa activa recursos económicos, además de una transferencia de recursos a las CC.AA. A esta demanda territorial, se suman las iniciativas que cada Comunidad Autónoma impulse en sus respectivas leyes autonómicas. Conviene recordar que existe otra vía para obligar a que se aborden leyes en el Consejo de Ministros, la denominada iniciativa legislativa popular, con un mínimo de 500.000 firmas, toda una proeza. Una vez recogidas se someterá a previa consideración por el Parlamento, es decir, si existe suficiente voluntad política para aceptar esta demanda ciudadana.

Por último, para completar un proyecto de ley es preciso seguir una serie de pasos, con el fin de que las leyes no triunfen solo aritméticamente, es decir por el número de votos, sino que ganen legitimidad ante la ciudadanía; es decir, que sea explícita su cobertura de derechos. Este proceso conlleva varias fases de consulta:

1. Se solicita informe al resto de los ministerios para contrastar sus observaciones; porque de recoger discrepancias —más vale prestarles atención—, habrá que habilitar reuniones para llegar a subsanarlas. En esta fase es absolutamente recomendable convocar sesiones con la sociedad civil, así como con diversos profesionales, porque a través de su experiencia afinaremos la redacción de la norma —es la mejor manera para evitar sorpresas—. Las asociaciones de mujeres son imprescindibles en su formulación y sus discrepancias nos anticiparan futuros problemas en su aplicación.

2. La siguiente fase corresponderá a los órganos constitucionales de consulta: Consejo de Estado, Consejo General del Poder Judicial, Consejo Económico y Social, Consejo Escolar. Todos sus dictámenes, aun no siendo vinculantes, sirven para prevenir cualquier posible recurso ante el Tribunal Constitucional y aportan una valiosa información para completar el texto. Saltarse este paso es un indicador de la debilidad del ministerio proponente y del gobierno que lo acepta.

3. Aprobada la norma por el Consejo de Ministros, ésta se remite al Parlamento, acompañada de una justificación sobre su necesidad, que se refleja en la exposición de motivos, son la tarjeta de presentación de todas las leyes. Recomiendo leerlas, una magnífica lección de historia es el preámbulo de la Ley 20/2022, de Memoria Democrática, por ilustrarlo con un ejemplo. Todas leyes deberían contar con una memoria económica (me duele reconocer que la LOIEMH no consiguió aportarla), además de adjuntar un detallado Informe de Impacto de Género (de cuya impostura hablaremos más adelante).

4. El proyecto de norma se traslada a las Cortes Generales, empezando por Parlamento, donde ya en su alfombra roja se intercambiarán pactos, favores, discusiones… hasta cuadrar un

periodo de enmiendas de distinto tipo (parciales, transaccionales), siendo la enmienda a la totalidad la más cómoda, por no requerir una lectura de la ley y tampoco la presentación de un texto alternativo. De prosperar esta última, se devuelve la norma al ministerio del que ha partido el texto.

Hemos de aclarar que han prosperado leyes sin consultas, sin comparecencias de personas expertas en la comisión parlamentaria adjudicada y, por si fuera poco, sin informes preceptivos de los órganos constitucionales. En el gobierno de coalición, 2021-2023, dos normas —que no voy a nombrar aquí— eludieron todo tipo de control como en el año 2024. Todas ellas se aprobaron «aritméticamente», pero coincidirán conmigo que se vieron privadas de una legitimidad democrática.

Otras fórmulas, denominadas de urgencia, son las proposiciones de ley, para su presentación basta con la firma del portavoz de un grupo parlamentario, o del propio Gobierno. Una vez admitida por la Junta de Portavoces, no requiere contar con informes, ni comparecencias de personas expertas en las comisiones parlamentarias. Sin embargo, el ahorro de tramitación por excelencia son los reales decretos leyes, cuyos textos se aprueban, o se rechazan, como texto completo. Es decir, no admiten enmiendas. Como todos los procedimientos de urgencia han de acreditar su carácter excepcional, aunque en ocasiones, se parece más a una vulgar llave maestra, más propia de un cerrajero de emergencia, por la cantidad de materias ajenas añadidas a última hora, aprovechando sus ventajas: aprobación por mayoría parlamentaria y en el plazo máximo de un mes.

4.   ACCESO A LA FUNCIÓN PÚBLICA

Volviendo a la inabarcable Función Pública, nos conviene saber cómo se accede a las instituciones, donde encontramos a dos tipos de profesionales:

1. El funcionariado, que forma parte de la Administración Pública de manera permanente y se guía por el Derecho

Administrativo, cuyo acceso se verifica a través de una convocatoria de empleo público y, una vez superada, se accede a un cuerpo o escala concreta en función de la titulación, responsabilidad y tipo de oposición.

2. El personal laboral es la segunda clase de profesionales que presta servicios a las Administraciones, mientras que el resto de los empleados públicos se rige por el Derecho Laboral, además del Estatuto de los Trabajadores y los convenios colectivos.

3. Otra modalidad de ingreso muy diferente es la del personal eventual, cuyo nombramiento se realiza por parte de los gobiernos cuando estos demandan funciones de asesoramiento. Por ejemplo, los asesores de las elites políticas son personas que desempeñan sus funciones, aunque éstas no siempre constan como mérito en la mayoría de las pruebas para concurrir a la administración pública.

Sé que pudiera parecer aburrido, pero conviene saber cómo se fija la jerarquía dentro de la función pública, porque así se entenderá mejor la permanente apelación a las distintas competencias. Empecemos por el funcionariado, una vez superada la oposición se clasifica en grupos: A, B, C... según el nivel de estudios exigido, y cada grupo se subdivide, a su vez, en subgrupos y niveles. Por añadir solo un ejemplo, el grupo A se refiere a dos subgrupos, el A1 (nivel 20 al 30) y el A2 (del 16 al 26), un esquema que sigue el resto de los grupos, B y C, del personal funcionario. Quizá se perciba como una información innecesaria la adquisición de niveles, pero son mucho más que rangos, simbolizan la tarjeta de presentación de un cargo público, sobre todo, cuando éste ha de ejercer labores de gobierno. Quiero decir que es una etiqueta ineludible a la vista de todos. A qué cuerpo pertenece y qué nivel tiene es una pregunta estándar en las Administraciones y, en función de la respuesta, el cargo público se integrará en el establishment institucional, o tendrá un permanente rol de advenedizo. Obviamente el pedigrí funciona: no te reciben igual si perteneces al cuerpo de educación que al de inspectores de hacienda.

4.1. Las plantillas de la función pública: una brújula necesaria

Uno de los riesgos que padecen las Administraciones deriva de reproducir el comportamiento de los partidos políticos, es decir, trasladar su cultura organizativa a la propia Función Pública. Para empezar, se suele desconfiar de los extraños —y la élite política lo es—, también es una vieja costumbre de los partidos políticos, endogámicos por definición, recelar de cambios inesperados. Ante dicha circunstancia, esta distancia se compensa con las personas afines, lo que lleva a convertir la condición de militancia en una garantía de oportunidad para desempeñar labores de asesoramiento. Con este proceder se corre el riesgo de empobrecer la agenda institucional, porque es imposible conocer tantas competencias técnicas y administrativas por parte de personas ajenas a las instituciones. La estrategia sería aprender a convivir con quien realmente goza de la cualificación necesaria para sacar el trabajo adelante, y será la plantilla fija de las instituciones la más idónea debido a sus competencias en la aplicación de políticas públicas. Lamentablemente las inercias políticas llevan a desconfiar de quien «no pertenece al círculo», hasta adoptar una conducta reactiva, lo que lleva a muchos cargos a rodearse de afines y acorazarse en un despacho. Por mi experiencia, una forma de calibrar la solvencia de un cargo público radica en saber cómo organiza un trabajo colaborativo, tanto con su propio equipo como con los empleados públicos. Todos estos profesionales ligados a la Administración Central del Estado, o a los organismos autónomos, las corporaciones locales o autonómicas, acceden a la función pública adoptando fórmulas memorísticas de ingreso a través de oposiciones convocadas por categorías, cuerpos o escalas. Su presencia es el eslabón esencial de la cadena por la multitud de tareas que asumen, en infinidad de áreas o departamentos de ministerios, consejerías o concejalías de ciudades de gran tamaño. Toda una preparación para defender, como inevitable, una constelación interminable de procedimientos.

En la función pública la jerarquía es el hormigón de un edificio con varios niveles. En el piso más alto de las decisiones, encontramos a los cargos públicos, rodeados de los correspondientes

equipos de apoyo, elegidos por libre designación entre el funcionariado, o bien entre personas ajenas a la función pública. Cuando se
entra en las Administraciones Públicas, las cualificaciones anteriores no sirven de gran ayuda para descifrar las formalidades de los
distintos departamentos y, sobre todo, para orientarse ante los miles
de procedimientos que, obligatoriamente, se habrán de seguir.
Sobre el número de mujeres que ocupan cargos en el Gobierno
central —secretarías de Estado, subsecretarías, secretarías generales técnicas, direcciones generales...— el Instituto Nacional de
Estadística (INE) publica datos periódicos sobre la composición de
las estructuras de los poderes públicos. Sería un error creer que el
mero ejercicio de un cargo público basta para conocer las instituciones públicas y protegerse de los imprevistos, hay que mantener
a raya el narcisismo que procura toda investidura de poder, todas
las señales externas te recuerdan en qué consiste trabajar desde la
cúspide de la pirámide: equipos de la secretaría, ujieres, asesores,
coche oficial, espacios de trabajo de alta dirección, un cambio inevitable respecto a cualquier profesión anterior, por lo que es útil
saberse ignorante, como un primer paso para sobrevivir en un labe-
rinto repleto de minotauros.

4.2. Contratos con la Administración Pública: competir en desventaja

En todas las Administraciones se recurre a empresas especializadas para proveerse de trabajos cualificados, la denominada
externalización de los servicios públicos. Es cierto que ninguna
organización es autosuficiente, ya lo advirtió en los años noventa la
escuela de la «Nueva Gestión Pública», que pretendía flexibilizar
los entornos laborales contratando a profesionales externos para
aumentar su eficiencia. En este sentido, la licitación de contratos de
libre concurrencia es una práctica habitual de las Administraciones,
cuando éstas optan por recurrir a aquellas tareas más difíciles de
asumir internamente. La oferta económica es la premisa fundamental de los criterios de selección, llegando a pesar un 60% sobre la

decisión final. En segundo lugar, se barema la propuesta técnica, aquí se estudia la idoneidad de los profesionales, su jornada de trabajo, o el equipamiento que aporta la empresa (locales, vehículos propios), así como el respaldo financiero de la organización (medida en facturación anual). Podríamos creer que es una operación de coste y beneficio, pero realmente es una subasta que recuerda la lógica de los mercaderes persas, porque la utilidad pública de la propuesta queda en un segundo plano. Prima la flexibilidad de precios y la oferta más competitiva decidirá el contrato. Y ¿quién puede pujar a la baja? Pues, las conocidas empresas con una fuerte capitalización y con una cartera de negocios a gran escala en el territorio nacional.

Las empresas de gran tamaño tienen en las Administraciones Públicas a su principal cliente, incluso para firmas multinacionales[18], saben muy bien que sumando contratos aumentan su reputación, frente a cualquier competidor de la sociedad civil. De esta manera, asociaciones de mujeres, cooperativas de servicios sociales, o consultoras expertas en igualdad y con años de experiencia acumulada, no gozan del suficiente reconocimiento institucional para superar esta desventaja. A las Administraciones les consta el artículo 202 de la Ley de Contratos del Sector Público (Ley 9/2017), que fija las condiciones de contratación de carácter social. En clave de igualdad la norma dice: «favorecer la aplicación de medidas que fomenten su incorporación en el mercado laboral de las mujeres, así como la protección de la salud (…)». Demasiada literatura sin especificar, de ahí que la balanza se incline por aquellas empresas, cuyas clausulas son más fáciles de entender: «La contratación de un número de personas con el reconocimiento del grado de discapacidad».

---

[18] Eulen es una empresa que comenzó con servicios de seguridad, ha logrado diversificarse en otros campos, como la violencia de género o el cuidado a domicilio, a pesar del continuado trabajo de muchas asociaciones, dado que en la Ley de Contratos (Real Decreto Legislativo 3/2011, de 14 de noviembre) se prioriza la cuantía de su propuesta económica.

Siendo lógico que los contratos con la Administración acrediten una solvencia económica y financiera, el reparo estriba en que el órgano de contratación prime este criterio frente al resto. Aunque solo un 11 % de las comunidades autónomas las que recurren a un servicio de big data —como apunta Carles Ramió—, energía, transporte u otros contratos privados, utilizan un procedimiento negociado con o sin publicidad; lo cierto es que este tipo de externalizaciones son asumidas por el funcionariado, dadas sus carencias de especialización tecnológica, mientras que otros servicios coincidentes con la cualificación del funcionariado, como servicios sociales, igualdad o violencia de género, sí despiertan rivalidades y de hecho se reclama «municipalizar» estas áreas. ¿Pero quién cubre estas materias con demandas no sujetas a horarios fijos? Ante este obstáculo interno, las Administraciones deberían vigilar la calidad del servicio en el pliego de condiciones técnicas, además de ofrecer un trato más equitativo entre la plantilla y el personal contratado de entidades privadas, pero ocurre todo lo contrario, se enfatiza un trato diferencial (por ejemplo, en jornadas de trabajo o vacaciones). Todas las organizaciones son lugares de observación cruzada, todo el mundo está pendiente de cómo le va a los demás y, en función de ello —ese es el problema— se responsabiliza a la contratación externa de la exigua convocatoria de plazas, el famoso capítulo 1 (gastos de personal) de los presupuestos de todas las Administraciones. La combinación entre lo público y lo privado, en cuanto a la prestación de servicios, dependerá de la ideología que ostenten las instituciones públicas y, por supuesto, de las políticas públicas que se quieran fomentar. Todas aquellas que se denominaron como esenciales durante la pandemia, servicios sociales, educación, atención a víctimas de violencia, el sinhogarismo, entre otros, han de estar supervisadas en cuanto a la calidad de la prestación: profesionales bien pagados, horarios, turnos, permisos. A propósito de contrataciones, siempre me ha llamado la atención que los artículos menos conocidos de la ley de Igualdad (33 y 34) fueran aquellos que modificarían la ley de Contratos con el sector público de aquel momento (Ley 30/2007). En la actualidad esta normativa ha derivado en una macro ley de 347 artículos, la Ley de

Contratos de la Función Pública (Ley 9/2017), la «biblia» sobre la fiscalización de dinero público.

4.3.   Las jefaturas de gabinete: un poder vicario

Hay nombramientos en los respectivos gobiernos autonómicos y de la Administración General del Estado con una gran presión, me refiero al equipo directivo que apoya al cargo público. Sometido a interminables jornadas laborales sin horario, la misma dinámica que sigue el grupo de asesores. Su camaleónica piel facilita cambiar de tareas, redactar documentos, siempre con datos y, a poder ser, con un «argumentario» para guiar al cargo público. En el lenguaje político, a los antiguos asesores se los denominaba fontaneros, por ser demandados para solucionar aquellos problemas que están en el *back office* de los poderes públicos, o para colaboraciones puntuales. Lo preocupante es el prototipo de comunicación interna habitual y creo que, sin pretenderlo, se rige por el patrón relacional de los partidos políticos; es decir, en las reuniones se reproduce una jerarquía en el uso de la palabra, más propia de una sesión de supervisión que de un equipo de trabajo. Hay cargos electos alérgicos a la simetría. Me refiero a las jefaturas de gabinete, en especial los adscritos a la cúpula ministerial, provistos de una visión semejante a los controladores aéreos que pretenden tratar al resto de los cargos como si fueran marionetas de trapo. El poder de las jefaturas de Gabinete —añado, como el de los responsables de comunicación— se vuelve inoperante si las sesiones de trabajo no afrontan toda la complejidad que requiere trabajar para la ciudadanía. Resulta paradójico que haya élites políticas con un trato excelente y, a la vez, consientan el estilo virulento de sus responsables de Gabinete; y a la inversa, cargos que alardean de su firmeza (sádica, traduciría yo) y, por ello, optan por jefaturas de Gabinete adiestradas para reparar los desastres que provoca su liderazgo. Estoy convencida de que cualquier persona que haya trabajado, tanto en la esfera política como de la Administración, podría añadir relatos de supervivencia a los malos modos por parte de personas con posiciones de poder, bajo diferentes títulos nobiliarios: jefaturas de sección, coordinadores de área, direcciones generales que, con total impunidad, se atribuyen funciones de capataz.

4.4. Los «guardianes» de la Administración

Profesionales de la Abogacía del Estado, de la Intervención General de la Administración del Estado, de la Inspección de Hacienda, Inspección de Trabajo y Seguridad Social, Actuarios, Técnicos de la Administración General del Estado, Letrados, son la élite de las administraciones, aunque se habla menos de sus perfiles que de las élites de los partidos políticos (Robert Putman, Suzanne Keller, Pippa Norris). Los cuerpos de la administración que ocupan la cumbre en la función pública son funcionarios altamente especializados, cuyos años de renuncias para preparar una oposición les ha hecho muy conscientes del ejercicio de su poder. Sabemos que las instituciones públicas están sobrecargadas de procedimientos, de sucesivas firmas para garantizar un escrupuloso gasto público y una estricta conformidad con la legalidad —nadie niega que son imprescindibles las revisiones cualificadas—, pero también intervienen más allá de sus competencias. Recuerdo como un interventor opinaba, sin rubor alguno, sobre los contenidos de una campaña publicitaria relativa a la violencia contra las mujeres, se portaba con el poder de quien sabe administrar el extraordinario valor de su firma. Cuando me quise quejar, me comentaron lo «habitual» de tales comportamientos. No es casual, que esta élite funcionarial sea uno de los principales viveros que conforman los Consejos de Administración de las empresas del IBEX 35. A estos profesionales, con un fuerte sentimiento corporativo, se les puede reclamar un estilo interactivo más simétrico con los cargos políticos, pero también es justo reconocer que no tuvieron la oportunidad de contar con asignaturas sobre políticas públicas de igualdad, sus cometidos son el núcleo duro de la administración: presupuestos, urbanismo, infraestructuras, obras, contratación. ¿Cómo subsanar esta situación, cuando necesitamos hacernos entender en nuestras demandas? Mi experiencia me dice que antes de realizar una consulta a la Intervención General de la Administración del Estado, o a la Abogacía del Estado, más nos vale buscar asesoramiento en nuestros equipos económicos, jurídicos, sobre las normas a las que aludirá nuestro interlocutor. Para asegurarnos la viabilidad de nuestro proyecto, una primera condición sería hablar el mismo idioma y es evidente que los cargos políticos y la élite de la función pública no se entenderán sin el mutuo esfuerzo de saber qué papel juega cada uno. De otra manera, se tomarán su tiempo para ratificar nuestra demanda y, aunque sea su legitima función, será difícil contener la desesperación.

Quisiera aclarar, para quienes no lo saben, que la Intervención General de la Administración del Estado se ocupa de verificar la legalidad de las operaciones que tramitan las instituciones públicas y lo hacen a través de la emisión de informes técnicos aceptando, o rechazando, las decisiones de los cargos públicos sobre contratos o convenios con empresas de servicios. Nada que objetar a que existan solventes profesionales para autorizar una fiscalidad correcta, que vigilen las decisiones de gasto de los responsables públicos, pero estos informes también encierran contradicciones. Primero, porque resulta difícil explicar en qué consiste la naturaleza de una subvención en materia de políticas de igualdad cuando éstas son complicadas de objetivar, es decir, de traducir numéricamente, a diferencia del reconocimiento del grado de discapacidad; por ejemplo. Añadiré otro dato para mostrar tan difícil interlocución: en el caso de querer impulsar programas de búsqueda activa de empleo para mujeres migrantes, estos no caben en un Excel que justifiquen un capítulo de gasto. Segundo, porque las políticas de igualdad no forman parte de su oficio, ni de su conocimiento técnico, lo que las convierte en políticas de segundo orden. Lo lógico es que la Intervención General de la Administración del Estado, o la Abogacía del Estado, las percibieran como intangibles, abstractas y, sobre todo, carentes de utilidad, salvo como políticas sociales para minorías. Por otra parte, apenas hay cursos en la oferta del INAP (Instituto Nacional de la Administración Pública) de cara a introducir indicadores, o para familiarizarse con la complejidad de los planes de igualdad de las Administraciones que, por definición, afectan a todas las áreas de la función pública y, por si fuera poco, son de carácter obligatorio; pero aun así, dichos planes se interpretan más del lado del trámite que de una herramienta de transversalidad.

4.5. Los equipos expertos: una demanda institucional

Disponer de una red de personas con una alta cualificación representa una demanda habitual por parte de los cargos de Gobierno de las Administraciones Públicas. Se les busca para elaborar informes que avalen sus políticas públicas, porque dichas aportaciones son percibidas por la ciudadanía con mayor confianza, al tratarse de personas preparadas, frente a la desacreditada clase política. Una estrategia que permite a las Administraciones añadir legitimación es recurrir a equipos expertos, procedentes de instituciones académicas o de empresas privadas. De hecho, colaborar con las instituciones públicas posibilita acumular redes y aumentar su reputación curricular, sin olvidar el valor de su firma en documentos oficiales. Un análisis sobre la demanda de expertos supone, para Harry Collins y Robert Evans (*Rethinking Expertise*, 2007), la oportunidad para saber si la ciencia es capaz de alcanzar consensos en aquellos temas complejos, justo donde la política se fractura por controversias ideológicas, la ciencia alcanza acuerdos porque busca operatividad y resultados. Lo más importante sería rescatar la multitud de dictámenes que, pese a su interés y rigor, se han quedado en un cajón por no coincidir con la agenda política del siguiente gobierno. Los que perviven a diferentes contingencias son los excelentes libros blancos, grandes herramientas que aportan una valiosa información para diseñar políticas públicas.

Pero ¿cómo se elige a los expertos para la elaboración de estos estudios? Una pregunta pertinente, dada la nula, o excepcional, convocatoria de científicas sobre diferencias materias, ante lo cual la transversalidad intelectual tampoco opera en cuanto a la composición de grupos intelectuales de trabajo. Es justo reconocer, que todavía en 2023 no se había incluido un área de conocimiento en materia de igualdad, o de feminismo, en el catálogo UNESCO, mientras que sí consta el área de arameo y las lenguas oficiales de nuestro país, por poner algunos ejemplos. Sin la inclusión en el mismo es imposible la creación de cátedras, o departamentos especializados, un sesgo que siempre se explicó como una simple diferencia intelectual, cuando se trata de una rotunda estrategia de poder. Menos mal que las Unidades de Igualdad de las universidades, además de hacer un seguimiento de normas, como la última Ley Orgánica 2/2023, están atentas a la discriminación directa; su detección fue la principal motivación para crear una plataforma feminista como RUIGEO, Red de Unidades de Igualdad Género para la Excelencia Universitaria.

Otra de las razones por las que las Administraciones no recurren a expertas radica en la condición periférica de sus nombres entre las redes de confianza de los poderes públicos, lo cual explica su escasa presencia en otras políticas centrales de la Administración: relaciones laborales, digitalización, economía, ingeniería, fiscalidad o seguridad social. excepto, claro está, si se trata de materias de igualdad (violencia, dependencia, menores, etcétera). Pero existen situaciones puntuales, cuando otras áreas de la Administración requieren un documento con datos sobre «mujeres» (informes de impacto de género, planes de igualdad) entonces sí. Cada área lo deriva a los organismos de igualdad: institutos de la mujer, concejalías, consejerías, agencias. Resuelto el problema: cada departamento volverá a sus propias competencias. No me centraré aquí en la intersección entre género y conocimiento (Linda Alcoff y Elizabeth Potter: 2013[19]) para analizar las redes expertas, también denominadas comunidades epistémicas, definidas como un espacio de diálogo entre profesionales con experiencias similares, pero

---

[19]   Linda ALCOFF and Elizabeth POTTER, *Feminist Epistemologies*. London: Routledge. (1993, second edition, 2013).

baste decir, que en el caso de las expertas hay que añadir otras contingencias a la distribución de su tiempo en su progresiva cualificación. En realidad, por mucho que apelemos a la inteligencia colectiva para asegurar alianzas, son las relaciones personales, las agendas de contactos las que proveen de nombres preferentes para formar grupos de trabajo experto.

4.5.1. La sectorialización

Las expertas en políticas de igualdad son convocadas por aquellas áreas de las Administraciones Públicas vinculadas directamente a medidas ligadas a la reproducción social, es decir, a las materias relativas a la esfera doméstica, el cuidado o a la discriminación por razones de género. Son una mayoría las expertas redactoras de textos de referencia «femenina»: el Libro Blanco de la Dependencia, Libro Blanco de la Discapacidad, Libro Blanco de la Atención Temprana, de las Mujeres y la Ciencia. Una pauta que se repite tanto en el marco nacional como autonómico.

4.5.2. Débil poder de referencia

Es común que inversores públicos o privados soliciten informes expertos para justificar sus posiciones políticas. Un ejemplo de ello son los innumerables documentos, por citar solo algunos claves: «La regulación financiera española desde la adhesión a la Unión Europea» (1997), del Banco de España; el «Informe del Comité de Expertos para la reforma de las pensiones» (2013); o «La reforma tributaria» (2014). Del conjunto de estos trabajos, solo una experta, Mercedes Ayuso, de la Universidad de Barcelona, formó parte del de la reforma de las pensiones. O el informe «Cumpliendo» de 2021, redactado por un grupo de personas externo a la Presidencia del Gobierno para diseñar una metodología que valide la rendición de cuentas y, en consecuencia, con una composición paritaria.

4.5.3. Ausencia de alianzas corporativas

La falta de colaboración entre los centros de estudios de género y las investigadoras de primer nivel es una debilidad a la hora de crear redes y, sobre todo, de cara a influir en las instituciones públicas, cuya rivalidad es difícil de esquivar cuando se comparte la misma universidad. Cada día es más urgente consolidar alianzas de excelencia (*advocacy coalitions*) entre expertas en políticas públicas de igualdad, bien provengan del ámbito de la consultoría, bien de la academia o, por descontado, de la sociedad civil. Si se cuenta con un aprendizaje compartido, contaremos con las propuestas de innovación, que tanto necesitan las Administraciones. Lo cierto es que para corregir sesgos sobre la convocatoria de personas expertas habría que saber la composición de los diferentes grupos de trabajo; ¿el objetivo? analizar su grado de proporcionalidad en relación con el peso demográfico de la población; no olvidemos que, en su mayoría, las mujeres son destinatarias de todas las políticas públicas, por ello, ¿por qué es tan costoso identificar sus nombres en las webs de las instituciones públicas? Y, por supuesto, sus criterios de elección. Por mi experiencia, la confianza surgida por haber compartido puestos institucionales, como directores, subdirectores, asesores, (utilizo el masculino plural por la prevalencia numérica) suele definir la primera lista. Cuando constituí un grupo sobre, Horarios y Husos del tiempo (2019), nuestra primera fase fue la documental, sus investigaciones fueron decisivas para detectar con quién debíamos contar. Perfiles de física (la dificultad de unificar resultados, en un país con diferencias en horas de sol), o bien perfiles técnicos para medir la competencia energética, o las redes de telefonía móvil, que mostraban los horarios de apagado y de encendido, de nuestras pantallas, lo que redunda en padecer, el denominado *jet lag social,* o cómo se acortan las horas de sueño. En suma, todos sus nombres respondían a su trayectoria profesional, aún sin conocerlos personalmente.

LA TRANSVERSALIDAD

Lo más costoso fue diseñar una agenda común
con otras áreas del Ayuntamiento e introducir la
igualdad de oportunidades en la policía, los bombe-
ros y en las comisiones de economía y urbanismo.

Vicealcaldesa de Logroño

- El interés de asimilar igualdad con asuntos de familia y vulnerabilidad.
- Falsas identificaciones: diversidad (minorías) igualdad (mayoría).
- Mejorar el discernimiento de la RSC, la responsabilidad social corporativa.
- ¿Qué ventajas de promoción y reputación aporta la transversalidad?
- La interpretación más implantada sobre las políticas de igualdad.

1. EL VIENTO EN CONTRA: LA IGUALDAD, UN ASUNTO DE MUJERES

La eficacia de las políticas de igualdad, como todas, está en función de los presupuestos que las respalden; sin embargo, las sucesivas crisis económicas ajustaron los capítulos de gasto de las políticas de bienestar social. Nadie olvida cuando a principios de 2010 se experimentó la primera crisis económica que trajo consigo la reducción en el gasto social, con la premisa de evitar las duplicidades, todo bajo el magnánimo término de sostenibilidad. Sobre el impacto de las diferentes crisis contamos con excelentes investigaciones desde la perspectiva de la economía feminista[1] que muestran cómo inciden estas en las prioridades de las instituciones y —lo más relevante— el riesgo de un retroceso en los logros de las políticas de igualdad. Traducido a las Administraciones, hallamos un enorme adelgazamiento de recursos junto a una acuciante falta de ofertas de empleo público, dado que ni siquiera se cubrían, de hecho, las plazas para afrontar las jubilaciones —la denominada tasa de reposición—. A este panorama se sumaba el enorme bloqueo debido a la Ley de Contratos del Sector Público (Ley 9/2017), que tuvo tan difícil tramitación (tardó un año en entrar en vigor), pero resultó un escollo legal de crecimiento, por limitar severamente la capacidad de contratación directa por parte de la Administración, al fijar la máxima cuantía en contratos menores a partir de 15.000 euros. Todos estos factores provocaron una reducción en la aplicación de importantes programas pendientes de ejecutar[2] y su derivada, la congelación de las políticas públicas[3]. El futuro tampoco resulta alentador, el techo de gasto, un instrumento de obligada aplicación a la hora de elaborar los presupuestos en la administración, local, autonómica

---

[1]   La economía clásica estudia el comportamiento del mercado, trabajo asalariado, productividad. Mérito de las economistas es visibilizar toda la economía del trabajo realizado en la esfera doméstica excluida de la lógica mercantil; además, separa los términos «empleo» (provisto de salarios) y «trabajo» (no monetarizado). Véanse las aportaciones de Jill Rubery, Cecilia Castaño, Carmen Castro, Lina Galvez, Cristina Borderias, Teresa Torns, Ángeles Durán, Amaia Pérez, Paloma de Villota, entre otras.

[2]   Solo en ese periodo se decidió una moratoria en la aplicación de la ley de Dependencia, se renunció a la ampliación del permiso de paternidad, al incremento en la pensión de viudedad; se privatizaron servicios sociales y se redujo la prestación de los servicios públicos, entre otras medidas regresivas como la congelación del salario mínimo.

[3]   El 14 de marzo de 2020 vivimos el confinamiento absoluto de la población. Se reguló el teletrabajo en las Administraciones Públicas (Real Decreto-ley 29/2020), en el marco de un estado de alarma (Real Decreto-ley 30/2021). Un informe del CSIC, *Una visión global de la pandemia COVID-19* (https://digital. csic.es/handle/10261/218312), muestra la magnitud de esta crisis.

y estatal —tal como lo ha fijado la Unión Europea— a partir de
2024. Cálculos que dan como resultado unas Administraciones
anquilosadas y poco eficientes; en suma, infradotadas de recursos
humanos y materiales, sin olvidar las crisis sobrevenidas por conflictos bélicos o desastres naturales. Si todas las políticas públicas
se resienten como consecuencia de mantener las cuentas públicas
bajo control, las políticas sociales y las de igualdad, son las más
vulnerables al ajuste.

2. LOS PELIGROS DE ASIMILAR IGUALDAD A FAMILIA

La familia tuvo un papel fundamental durante la época franquista, a través de sus usos y costumbres se lograba socializar a sus
miembros en los valores del régimen, una dictadura que adjudicaba
rígidos papeles a las mujeres, como recomendaba Pilar Primo de
Rivera, gracias a la Sección Femenina: dar hijos a la patria y con-
sagrarse como esposa. Hubo que esperar a que la socióloga María
Ángeles Durán escribiera un texto que contabilizaba el trabajo invisible realizado en el hogar, quedando desvelada la apacible vida
doméstica (Inés Alberdi y Pilar Escario). Las políticas de familia
se encuadran dentro del ámbito del bienestar social. Dicho paren-
tesco arranca después de la II Guerra Mundial, coincidiendo con
el Plan Marshall. En nuestro país, el primer paso se dio con la Ley
General de la Seguridad Social (1974) incorporándose después la
protección de la familia en la Constitución (art. 39). Aunque, hasta
el año 2000 no contamos con ayudas específicas a las familias en
situación de exclusión (Real Decreto 1/2000). Es evidente que las
políticas familiares pertenecen a las políticas sociales, pero no necesariamente las políticas de igualdad. El problema es la fusión entre ambas a la hora de adscribir competencias en la Administración
Local, Central o en las consejerías de los gobiernos autonómicos.
Por ejemplo, la vindicación de guarderías públicas para criaturas
0-3 se encuadra dentro de la agenda de igualdad, cuando debería
estar en la agenda de servicios sociales; de lo contrario, se presenta como una solución para las mujeres, como si fueran las únicas
beneficiarias directas —por mucho que se extienda a los padres—.

Esta persistente asimilación equivale a institucionalizar el cuidado y contribuye a señalar quiénes son las principales responsables de procurarlo. Todavía en 2021 escuchábamos en Naciones Unidas las «dificultades que tienen las mujeres» para poder asumir retos profesionales más exigentes sin relacionar este hecho con la desigualdad estructural: brechas salariales, digitales, de renta o la ausencia de mujeres en las esferas más codiciadas de la vida pública. Recientemente, la UE ha creado la Comisión de Empleo, Asuntos Sociales e Inclusión[4]; organismos bajo el paraguas de igualdad[5]. Eso sí, con insuficiente capital humano y financiero, como son los casos del Instituto Europeo de la Igualdad de Género o el Comité Consultivo de Igualdad de Oportunidades[6], u otras iniciativas del Parlamento Europeo a propósito de esta materia[7].

3. UN ERROR RECURRENTE: LAS MUJERES COMO COLECTIVO

Las instituciones públicas y el funcionariado, como los cargos políticos, son los responsables de diseñar y aplicar las políticas de

---

[4]   En la UE, la Comisión para la Igualdad de Género depende del Comité de Derechos Humanos; y en Naciones Unidas su homóloga es la Comisión de la Condición Jurídica y Social de la Mujer (CSW).

[5]   Un total de 14 países miembros de la UE son los más avanzados en igualdad, en relación con el cumplimiento de los Objetivos de Desarrollo Sostenible (ODS), en concreto su Objetivo 5. La UE ha aprobado siete directivas sobre Igualdad y resulta muy interesante consultar su Estrategia para la Igualdad de Género 2020-2025.

[6]   El último informe del Instituto por la Igualdad de Género apunta al año 2050 como horizonte para la mejora de la igualdad entre hombres y mujeres, con un aumento del PIB per cápita de la UE del 6,1 al 9,6 %, lo que supondrá pasar de 1,95 a 3,15 billones de euros.

[7]   Pero fue el Parlamento Europeo el que decidió ser más incisivo al verificar un serio retroceso de los derechos de las ciudadanas europeas (Resolución 13 de 2019). Ponerse intransigente tiene su recompensa y buena prueba de ello es el impulso de la Estrategia Europa de Igualdad de Género (2020-2025), que directamente pone deberes a los Estados miembros.

igualdad, inspirados —no debe olvidarse— en las vindicaciones de las asociaciones de mujeres. Pero las percepciones sobre en qué consisten las políticas de igualdad están plagadas de falsas interpretaciones. Tanto los organismos internacionales —Naciones Unidas o la UE— como las instituciones públicas coinciden en definir a las mujeres como un colectivo. La cuestión es preguntarse por qué los datos objetivos no modifican una definición tan reduccionista. Las mujeres suponen el 50,61 % del total de la población española (INE, diciembre 2022). Negar dicha aritmética responde a una estrategia ideológica para designar a las mujeres como una minoría, una idea tan falsa como eficaz:

- Cada vez que se pretende aumentar la participación de mujeres en espacios de poder, su falsa definición de colectivo actúa como una barrera. De esta manera un *derecho* se convierte en un trato de favor y se acepta su presencia bajo el criterio de una admisión benevolente, de ahí la referencia a las cuotas. Mientras, la minoría masculina (estadísticamente hablando) escapa a esta clasificación, salvo los agregados específicos: ejecutivos, violinistas o agricultores.

- Para pertenecer a un colectivo se ha de poseer un rasgo común: raza, edad, clase social, orientación sexual, entre otras. Es una malversación de significados que a las mujeres en su «conjunto», representando a la mayoría de la población, se les atribuya la condición de colectivo[8]. Y encima, con el apellido desfavorecido.

- ¿Cómo puede aplicarse la transversalidad utilizando el término «colectivo»? Porque al nombrar lo específico en las políticas públicas, por ejemplo, empleo, urbanismo, innovación, éstas dispondrán de sus propias competencias; de este

---

[8]   En España, las mujeres representan la mayoría del censo en las 17 comunidades autónomas; aun así, se las inscribe en la categoría «grupo» o colectivo, lo que tiene efectos desastrosos para concebir la igualdad como un derecho universal y no como un mero tema femenino.

modo, la transversalidad queda comprometida en su aplicación porque no se entiende qué significa, ni que ventajas reporta añadir a los colectivos.

Estamos ante una combinación letal: pertenecer a minorías, reconocidas por sus «problemas» y quedar inmersas en las políticas sociales, cuando las políticas de igualdad tienen entidad en sí mismas. Las instituciones lanzan programas públicos centrados en atender sus necesidades, lo cual es muy loable, pero *¿dónde quedan sus aportaciones?* Pondré un ejemplo, con un aparente mismo significado: «las mujeres tienen problemas de conciliación», cuando debería ser «las mujeres tienen problemas de falta de corresponsabilidad»? por la ausencia de participación equitativa en el cuidado familiar (la pandemia COVID-19 mostró un recargo de tareas sobre las mujeres). Al mencionar la conciliación se alude a una gestión del tiempo doméstico y profesional, que le corresponde gestionar a las mujeres; en el segundo caso, se llama la atención sobre la falta de colaboración de los convivientes. Otro tema —que lamento no poder desarrollar aquí— sería la hipercompetencia femenina respecto a las labores de cuidado emocional o cubriendo las necesidades básicas, porque a veces el cuidado debe procurarse bajo el «unívoco» criterio femenino, lo cual entorpece su distribución y, sobre todo, la necesaria delegación para asegurar su reparto.

Por parte del sector público las políticas de igualdad quedan bajo el paraguas de las políticas sectoriales en las instituciones, mientras en el sector privado las mujeres quedan fagocitadas bajo el rotulo de la diversidad, tal y como lo define la RSC (Responsabilidad Social Corporativa)[9].La cual surge como un

---

[9] Cuando el Banco Mundial aludió a la RSC aclaró los beneficios de la conciliación entre vida familiar y laboral, era su modelo de intervención en la igualdad de género (Gender Equity Model). En la Estrategia de Lisboa (2000) se menciona por vez primera la RSC, como colectivo, lo que tiene efectos desastrosos para concebir la igualdad como un derecho universal y no como un mero tema femenino.

En 2018, se crea la Asociación de Mujeres en el Sector Público, cuyo objetivo es crear una red entre empleadas públicas que entienden la igualdad como un

modelo socioeconómico donde las empresas buscan ofrecer una oportunidad a las personas con menor empleabilidad. Una suerte de accionariado ciudadano, en la medida en que se contrata a minorías raciales o personas con discapacidad, entre otras. En este cajón de sastre se ofrece cabida a la mayoría de la población, que es —y siguen siendo— las mujeres. A pesar de todo, no conviene olvidar las ricas aportaciones sobre la diversidad en el panorama empresarial, como han subrayado expertas de importantes escuelas de negocios (Celia Anca y Vázquez, 2005). Ahora bien, esto no significa seguir identificando al conjunto de las mujeres como un colectivo vulnerable (Velasco Eva, 2015), porque incidirá en el diseño de las políticas públicas. Ante este panorama, la transversalidad encuentra serias dificultades para hacerse efectiva.

instrumento de modernización de las administraciones. https://mujeresenelsector-público.com

LAS FRONTERAS
DE LA ADMINISTRACIÓN

«Nuestra administración moderna es deudora del modelo
de Napoleón, unos controles administrativos pensados para un
autócrata, sirviendo ahora a los gobiernos democráticos».
El Control de los Gobernantes. Elena Costa y Víctor Lapuente.

- La coordinación entre las políticas públicas: un viaje sin mapas.
- Controles de las administraciones, frente a la transversalidad.
- El poder corporativo de los especialistas.
- El memorial de acero: el dogma «siempre se ha hecho así».
- El control de fronteras: vistos buenos e informes favorables.
- Pendiente de profesionalizar: las agentes de igualdad.

Las políticas públicas son el nexo entre el Estado y la ciudadanía; y las que tienen más impacto en la sociedad civil son las políticas transversales: bienestar social, juventud, envejecimiento, crisis
climática... La Unión Europea ha demostrado ser capaz de coordinar grandes recursos humanos y materiales. Así sucedió durante
la pandemia, o en los acuerdos sobre las sanciones a la beligerante
Rusia, pero no ha sido tan ágil en aquellos temas que repercuten en
la igualdad entre hombres y mujeres. Veamos solo dos ejemplos. El
primero, el proceso seguido por la Directiva de Paternidad, cuyo
primer impulso data de 1992, y ante la cual los Estados miembros

deberían haber legislado en el año 2012 (Directiva 2010/18/UE, de 8 de marzo, del Consejo de Europa); pero se abrió un proceso de consultas hasta el año 2013, con la participación de especialistas, lo que fue una forma galante de ralentizar sus avances. Al final terminó subsumida en el documento de familia y conciliación, donde ha quedado sometida a la decisión de los Estados miembros sobre cómo aplican la Directiva de Paternidad[1]. El segundo ejemplo versa sobre la fuerza de la voluntad política: cuando se quiere, se puede. En el año 2014, la UE obligó a todos los países a modificar el cálculo del PIB, e incluir en sus sistemas de cuentas nacionales las actividades irregulares, como prostitución y drogas. Nada más fácil que modificar la normativa contable a través de un programa (Sistema Europeo de Cuentas, SEC 2010) que debía registrar datos de actividades ilícitas. Sí, así se ordenó convertir en fiables las supuestas transacciones delictivas[2]. ¡Y todo ello en el plazo de un año! Este cálculo generó un aumento en el PIB de los Estados miembros; en el caso de España, su incremento fue de tres décimas, cifra nada desdeñable en un escenario de austeridad.

A nadie se le escapa que las Administraciones Públicas han avanzado en sus trámites digitales gracias a la ley de la Administración Electrónica (Ley 39/2015) que, ante los nuevos requerimientos se actualizaría en Real Decreto, 203/2021. Una modernización ineludible, pero también un calvario para aquellas

---

[1]   En España contamos con una importante Plataforma por los Permisos Iguales e Intransferibles de Nacimiento y Adopción (PPiiNA), que logró impulsar una PNL (Proposición no de Ley) en el Parlamento en octubre 2016 (https://www.ppiina.org/) y al cabo la paternidad ha quedado subsumida en Directiva UE 2019/1158 relativa a la conciliación de la vida familiar y la vida profesional, cuyos epígrafes 12 y 19 fijan la equivalencia de los permisos relacionados con la familia.

[2]   ¿Por qué la UE elige la economía ilegal para incrementar el PIB, cuando existen datos fiables sobre el cuidado? Sobre esta contradicción, una breve nota en el digital Diario.es (https://www.eldiario.es/agendapublica/proyecto_europeo/pib-cuenta-prostitucion-cuidado_1_4771159.html), un soberbio reportaje sobre el calvario de los técnicos del INE solicitando datos a dueños de burdeles o asociaciones de prostitutas: Jesús Sérvulo González).

personas sin destrezas en internet y sin una paciencia de plomo. A pesar de estos esfuerzos, nos hace falta que la Administración Pública esté mejor equipada para desarrollar políticas transversales, o el *mainstreaming*, definido como una coordinación permanente entre áreas. La palabra coordinación ya comporta el malabarismo más extremo: incluir esta materia en otras competencias ajenas a la misma. Fue una aspiración en la agenda internacional de la ONU en 1995[3], que la Unión Europea identificó como una buena práctica. La estrategia de igualdad requiere contar con una estructura organizativa flexible, para lo cual se necesitan cambios, que solo serán posibles si existe una voluntad política. Con esta intención se reguló el «Informe de impacto de género» (Ley 30/2003) ideado para diagnosticar, con datos desagregados por sexo, con el fin de saber el efecto de las normas legales en la mayoría de la población, las mujeres. Sin embargo, lo que era una herramienta para aumentar la calidad normativa derivó en un mero trámite, casi telegráfico, como sucedió con la ley de Dependencia (Ley 39/2006), la cual adjuntó un informe en el que se indicaba que carecía de impacto de género. Tremendo ejemplo de cómo se desfigura una medida para sucumbir como mero procedimiento: ni se consultó al Instituto de la Mujer ni a la Secretaría de Igualdad, de nada sirvió compartir legislatura e incluso el mismo espacio físico del Ministerio de Trabajo y Asuntos Sociales.

Coordinación equivale a transversalidad, por ello sabíamos de la importancia del papel que jugaban las agentes de igualdad, unas profesionales cuyo cometido era, primero, coordinar las distintas áreas de la organización donde trabajan y, segundo, crear una red entre las agentes de igualdad de distintas instituciones públicas. Ya en su primer congreso en el año 2004, se reclamó la creación

---

[3] En 1995 se celebró en Pekín la Plataforma de Acción de la Conferencia sobre la Mujer el culmen de anteriores conferencias: Ciudad de México (1975), Copenhague (1980), Nairobi (1985). La última consiguió que 189 países adoptaran sus propuestas. No ha habido más conferencias internacionales de estas dimensiones participativas.

de un perfil cualificado que fuera regulado por ley, pero lamentablemente el Ministerio de Hacienda y Función Pública se negó alegando la dificultad de aprobar la figura del agente de igualdad sin contar previamente con un colegio profesional específico —las fronteras corporativas son muros de cemento—; por lo tanto, no se consiguió incluir en la ley de Igualdad ni en la Clasificación Nacional de Ocupaciones. Está claro que el legislador puede abandonar un proyecto, pero cuando la sociedad civil no se rinde siguen vivos sus objetivos. Así sucedió en este caso: las propias agentes de igualdad promovieron, en 2006, la creación de la Federación Estatal de Asociaciones Profesionales de Agentes de Igualdad de Oportunidades (FEPAIO) (https://www.fepaio.org/) y gracias a su obstinación se alcanzó un reconocimiento profesional, regulado mucho más tarde a través del Real Decreto-ley 6/2019.

La transversalidad requiere un aprendizaje común entre quienes han trabajado en la materia y quienes deben hacerla «encajar» entre competencias ajenas a la misma. En un contexto institucional, cualquier rasgo de asimetría, o de impaciencia por parte de quienes saben, quebraría una colaboración que —conviene recordarlo— carece de incentivos económicos (sin complementos en la función pública a la polivalencia), como tampoco un reconocimiento profesional; de hecho, los organismos de igualdad no representan una palanca promocional. Es verdad que contamos con eficaces mecanismos de coordinación: la Comisión Interministerial de Igualdad (Real Decreto 1370/2007), o el Consejo Interterritorial del Sistema Nacional de Salud, para la creación de medidas que contribuyan a la erradicación de la violencia de Género del sector sanitario, creada por el Ministerio de Sanidad en 2005, o comisiones similares en las CC. AA.; pero, aun así, sus objetivos se traducen en sesiones puntuales donde se intercambian propuestas, pero sin llegar a establecer una práctica funcionarial común entre profesionales de distintas competencias. ¿Cómo resolveremos esta paradoja? Es decir, si cada área se ajusta a sus propios contenidos, es lógico que «otras» demandas se interpreten como una injerencia, o como una imposición de los cuadros políticos. La Administración Pública está divida por fronteras, por una suerte *check points*, que dificultan aplicar la transversalidad.

1. PRIMERA FRONTERA: LA ESPECIALIZACIÓN

Las Administraciones Públicas están dotadas de una especialización por tareas, es decir, de una asignación de competencias asociadas a cada puesto de trabajo. Clasificación y orden es esencial, el *know-how* (su saber hacer) en el sector público; entonces, ¿cómo va a implantarse la transversalidad si el criterio de eficiencia equivale a diferenciar a qué se dedica cada área? Cuentan con una plantilla cuyo acceso también está organizado en características específicas (cuerpo, nivel, categoría profesional, funcionarios, empleados públicos) así como áreas de trabajo: concejalías, o consejerías. Justo lo contrario de la matriz que precisan las políticas transversales: una colaboración horizontal a través de procedimientos mixtos; pero las instituciones se blindan ante los cambios. Baste pensar en la propiedad del funcionariado respecto a su puesto de trabajo, una situación laboral imposible de encontrar en cualquier otro tipo de relación laboral.

Por estas razones, los empleados públicos pueden negarse a desempeñar trabajos que no estén claramente recogidos en sus convenios. Esta es la esencia de la burocracia, la definición de competencias específicas, siendo la especialización el ADN de la función pública. Ahora bien, si las políticas transversales necesitan una gestión más flexible, la pregunta se torna inevitable: ¿cómo involucrar a las áreas de empleo, economía o urbanismo de las Administraciones Públicas para introducir la variable género en su trabajo? Todo cambio implica aceptar nuevos desafíos. Basten unas aportaciones: la inclusión en los temarios de seguridad social de las consecuencias de la brecha en cotizaciones o los efectos de una fiscalidad discriminatoria (Paloma de Villota, María Pazos) o la importan de los servicios sociales (Lena Dominelli y el trabajo social) o, en las Ciencias de la Salud, el sesgo de género en los ensayos clínicos y sus efectos diagnósticos (Carme Valls, Teresa Ruíz Cantero) o la percepción de discriminación entre clases sociales en el acceso al sistema de bienestar social (Inés Calzada). Admito que las instituciones son sistemas cerrados, es decir, entornos estables renuentes a la introducción de cambios que alteren su equilibrio interno, pero también es cierto que a los poderes públicos les interesa evaluar el grado de satisfacción ciudadana respecto a los servicios públicos; sondear la eficacia —y cercanía— de las políticas públicas, como se recogen en los informes anuales de la AGE y de sus organismos dependientes[4].

2. SEGUNDA FRONTERA: EL CONTROL

Solo se controla lo que se entiende, decía Michael Foucault. Y sobre lo que se sabe, añadiría yo, pensando en las universidades y en el modo en que cada departamento marca un círculo de tiza contra invasores ajenos a su especialización. La Administración no solo ejerce el control del gasto siguiendo un modelo de gestión de calidad[5], sino que controla la información, al custodiar un gran volumen de documentación. El control está presente, desde el control horario para supervisar el cumplimiento de la jornada laboral, hasta la apelación a las propias competencias. Tanto para cargos públicos, como para el funcionariado, ser meticulosos en esta materia significa un buen conocimiento de su oficio, la prueba de su respectivo nivel de profesionalidad, porque no olvidemos que las Administraciones están sometidas a una permanente regulación: supervisión europea de fondos públicos, responsabilidad

---

[4] Un informe de más de 300 páginas: «Informe de seguimiento de la actividad de los Ministerios en relación con los Programas del Marco General para la Mejora de la Calidad de la Administración General del Estado durante 2020» (https://funcionpublica.hacienda.gob.es/dam/es/portalsefp/gobernanza-publica/calidad/informes/ISAM/Informe_ISAM_2020.pdf.pdf).

[5] El origen de la normativa se remonta al Real Decreto 1558/1977, de 4 de julio y la Ley 10/1983, que reestructura órganos de la Administración General del Estado; posteriormente la Ley 30/1984, de medidas para la reforma de la Función Pública y la Ley 53/1984, de Incompatibilidades del personal al servicio de las Administraciones Públicas, así como la Ley 7/1985, de Bases de Régimen Local. Siendo clave la Ley 30/1992, de Régimen Jurídico de las Administraciones Públicas y del Procedimiento Administrativo Común, ya derogada por la Ley 39/2015, y la Ley 40/2015, que considera a la ciudadanía como receptora de sus servicios.

patrimonial, justificación del gasto ante el Tribunal de Cuentas, u otros órganos fiscalizadores (Ley 40/2015, del Régimen Jurídico del Sector Público).

Una de las fórmulas de control más evidentes se ejerce a través de la toma de decisiones. Las Administraciones se organizan con un sistema de trabajo entre pares, o pertenecientes al mismo cuerpo. Para explicar mejor este mecanismo de control, recurriré a un ejemplo. Las subdelegaciones de Gobierno provinciales tienen competencias en violencia de género, conforme a la norma (Ley Orgánica 1/2004) y es su facultad reunir a los cuerpos y fuerzas de seguridad del Estado, además de representantes de la judicatura y, por descontado, las asociaciones de mujeres especializadas en maltrato (primeras receptoras de las mujeres que lo silencian). Bien, pues son una excepción aquellas subdelegaciones de Gobierno capaces de sentar en la misma mesa a quienes ostentan tan distintas competencias, de tal forma que responsables de la judicatura no suelen tomar decisiones con las ONG, salvo si el cargo responsable de cada subdelegación imprime una cultura de la cooperación[6] y logra impulsar proyectos comunes, por encima del sentimiento corporativo.

2.1. El control de los mandos

En la teoría de las elites de Vilfredo Pareto, éste analizó los canales para garantizar el ejercicio del poder dentro de una organización, el cual debía presentarse sin titubeos ni fisuras, como un elemento natural y necesario para que todo funcione correctamente. En las Administraciones Públicas todos sus procedimientos se ejecutan siguiendo una escala de instrucciones, bajo la apariencia de «necesidades de gestión»; mientras que en las élites políticas su dominio se ejerce desde las oligarquías, volcadas en mantener

---

[6] Las subdelegaciones del Gobierno de cada provincia dependen de las delegaciones de Gobierno de su comunidad autónoma y sus competencias figuran en el art. 75 de la Ley 40/2015.

el control ante una amalgama de aspiraciones personales que pudieran debilitar al partido político. (William y Riker). En este sentido, me gustaría recordar la distinción entre poder y autoridad; la autoridad emana de las cualidades profesionales de quien ostenta el cargo; el poder, en cambio, se adquiere por delegación, o es circunstancial (la promoción interna, la libre designación del cargo). El poder es compatible con la falta de idoneidad; ahora bien, cuando autoridad y poder coinciden esta conexión aumenta la efectividad del desempeño público y toda la estructura se beneficia de tan extraordinaria capacidad.

Toda jerarquía adquiere sentido dentro de un sistema organizativo donde se tenga claro que las reglas parten desde arriba, un modelo que conecta con la seguridad que tienen los cargos públicos de que sus órdenes no serán cuestionadas —como mucho, ralentizadas—Ya apuntaba Max Weber[7] la utilidad de la verticalidad en la burocracia. De hecho, el ejército alemán fue su fuente de inspiración. Ya sabemos que dichas jerarquías son un campo de batalla entre los actores políticos que se disputan el espacio público. Por ejemplo, la Federación Nacional de Municipios y Provincias[8], mantiene una gran capacidad para incidir en medidas políticas, y así fue con el reparto de fondos del Pacto de Estado contra la Violencia de Género (una transferencia bianual), al recomendar que fueran las corporaciones locales las primeras receptoras. Estos fondos debían ser distribuidos desde la Delegación Contra la Violencia de Género, dependiente del Ministerio de Igualdad, conforme a lo aprobado por el Congreso de los Diputados, pero las diputadas que tomaron esta decisión no atisbaron el volumen de gestión necesaria para

---

[7]   *Economía y sociedad.* Madrid: Fondo de Cultura Económica de España, 1993.

[8]   Con una gran influencia política, la Federación Española de Municipios y Provincias (FEMP) representa a las entidades locales (ayuntamientos, diputaciones provinciales, consejos y cabildos insulares); su propia red podría ser una constante plataforma para el asesoramiento e impulso de las políticas de igualdad, pero esto no sucede. Se constituyó siguiendo la Ley 7/1985, de 2 de abril, que reguló las Bases del Régimen Local.

administrar dichas cuantías: unas subvenciones que había que transferir a los 8122 ayuntamientos de nuestra geografía. Para abordar estas macrooperaciones carecemos de una Administración digitalizada
que utilice la inteligencia artificial, concretamente a través de
algoritmos (operaciones matemáticas capaces de organizar ingentes
cantidades de información) pensados para transferir grandes sumas
de dinero y, sobre todo, nos hubiera permitido conocer estimulantes
proyectos municipales para poder replicarlos a otras ciudades. Y,
por supuesto, sancionar la malversación de estos fondos cuando se
utilizaban para actividades absolutamente ajenas a este propósito.
Para garantizar un buen uso del dinero público hay que controlar
su finalidad de gasto través de macrodatos (las herramientas de *big
data* y la IA no están extendidas).

Sobre el funcionariado de élite, como la Inspección de
Hacienda, Inspección de Trabajo y Seguridad Social, Abogacía del
Estado, Intervención General de la Administración del Estado, y
otros perfiles, asumen la función de supervisar la estructura de la
función pública. Todos ellos son portadores de una especialización
que, en palabras de Pierre Bourdieu, serían la State Nobility[9], una
suerte de nobleza de Estado, divulgan ante todos los denodados
esfuerzos que conlleva su ingreso en la función pública, desde
su hazaña memorística, inalcanzable para el resto de los morta-
les, hasta la conciencia de exclusividad que reporta su categoría
profesional. Configuran el vértice institucional que, en muchas
ocasiones, condiciona la agenda de los gobiernos. Sin la acepta-
ción del interventor, nada se mueve. Se erigen sobre las afinidades
propias de pertenecer al mismo cuerpo de la Administración —en
los ayuntamientos habrá que sumar las redes personales, sus raíces
biográficas— En las ciudades pequeñas los vínculos son tan fuertes, como invisibles: cargos públicos que han compartido colegios,
universidades, amistades, padrinos de boda, bautizos. Una tupida
red de apellidos y memoria afectiva.

[9] *The State Nobility.: Elite Schools in the Field of Power*. Stanford: Stanford
University Press, 1996.

En este escenario corporativo, la transversalidad es una lucha con respecto a la forma de pensar de las organizaciones *y* se requiere que el funcionariado perciba las políticas de igualdad como parte integrante de todos los servicios públicos. Se trata de una permanente negociación. Primero, pasa por reconocer la cualificación del funcionariado en políticas de igualdad, o al menos en su interés por incorporarlas; y segundo, hay que comprender que para los empleados públicos, en general, su saber hacer se traduce en unas competencias consolidadas, mientras que las políticas de igualdad no cuentan con suficiente veteranía en las instituciones. La socióloga inglesa Sylvia Walby, experta en la materia, formuló una interesante pregunta: ¿especialización o democratización de los procedimientos en las instituciones? Además, sin entrenamiento para identificar la transversalidad como una estrategia de eficiencia, ¿por qué iba a entenderse la necesidad de su aplicación? Directoras de organismos de igualdad han visto frustradas sus demandas, porque éstas no lograban ser entendidas, además de utilizar lenguajes completamente ajenos a las élites administrativas. Según mi criterio, y la de otras profesionales con las que he conversado sobre este tema, la transversalidad se estudia con notable éxito en el ámbito de la academia, gracias al rigor intelectual de las aportaciones de expertas[10], pero tenemos menos información sobre la reacción de las instituciones ante la transversalidad; es decir, sabemos poco del tipo de resistencias que emergen ante la combinación de competencias; no se trata de capacidades, sino de repensar los pilares básicos de la Administración. Y, hablando claro, desde una óptica puramente instrumental para el funcionariado, ¿qué aportan las políticas de igualdad, en clave de reputación o para obtener mejor puntuación en un concurso de méritos? Otros funcionarios públicos, como los cuerpos y fuerzas de seguridad, lo verbalizaron en sucesivas reuniones: especializarse en violencia machista no implica las mismas

---

[10]   María Bustelo, Enmanuela Lombardo, Margarita León, Alba Alonso o Fernando Lousada; y, en el plano internacional, Sylvia Walby, Mieke Verloo, Teresa Rees o Mergart Lut, entre otras.

oportunidades que trabajar en los servicios de seguridad del Estado, nos comentaban miembros de la policía, o de la guardia civil. Sin incentivos económicos y de promoción de carrera, la transversalidad seguirá percibiéndose como una carga extra de trabajo o una instrucción arbitraria de los cuadros políticos.

Para ilustrar la extrañeza que despierta la transversalidad, me remitiré a un caso. En una Comisión de Empleo en Bruselas sobre flexiseguridad, cuyo objetivo era flexibilizar al máximo la jornada laboral[11], no solo en términos de contratación sino de un significativo aumento de la disponibilidad; nos pronunciamos sobre su impacto en la corresponsabilidad familiar, los allí reunidos nos miraron perplejos, para invitarnos a presentar este «tema» en la Comisión Asuntos Sociales. De nada sirvió mencionar el artículo 2 de la Constitución de la UE (1997), o del Tratado de Lisboa (2007), o el impacto en las mujeres autónomas (Directiva 2010/41/UE). La lentitud es marca europea; hubo que esperar once años para evaluar los efectos de la conciliación (Directiva 2019/1158). (Navarro y Sanz, 2021), pero la regla persiste: en las convocatorias al Consejo de Europa, o a las distintas comisiones de la UE, resulta excepcional que sus informes finales se refieran al impacto respecto a la mayoría de la población de todos los Estados miembros: las mujeres.

Dentro de la misma estructura orgánica de gobierno, también las fronteras están marcadas y con una interlocución interna. En 2019, desde el Ministerio de Igualdad, programamos una reunión con el responsable de Seguridad Social y con el de Agricultura, con el fin de oír a las asociaciones de mariscadoras (Asociación Nacional de Mujeres de la Pesca: ANMUPESCA). La cuestión era la siguiente: un 88 % del marisqueo lo realizan mujeres con unas durísimas

---

[11] Exige también una flexibilidad en el tiempo de trabajo, lo que deriva en una reorganización de la empresa y para los trabajadores un aumento de la flexibilidad horaria. Una información más detallada se puede encontrar en el libro verde *Modernizar el derecho laboral para afrontar los retos del siglo xxi* .Y también en el último informe, sobre este empleo postpandemia: *L'Èuropean Employment Law Update.*

condiciones de trabajo; en todas las estaciones del año y con el agua hasta las rodillas, recogiendo bivalvos, trabajadoras que no consiguieron homologarse con los derechos de los trabajadores de la pesca extractiva. El reconocimiento de los coeficientes reductores, o dicho en otras palabras, de su cotización para acceder a la jubilación no era equitativo: un pescador podría retirarse a los sesenta años, mientras que las trabajadoras habrían de sumar dos años más[12]; además, para su trámite ha de solicitarse a través de los sindicatos del mar, como todos, con una exigua representación femenina. No parece importar que este tipo de actividad haya sido sostenible para la calidad de los océanos (los estudios de Begoña Marugán, son claves en esta materia). El Régimen Especial del Mar (REM) comprende a los trabajadores autónomos y por cuenta ajena, pero siempre que su actividad se realice a bordo de embarcaciones, con lo cual mariscadoras, rederas, percebeiras o conserveras quedaban fuera del marco vigente en protección laboral, por el hecho de no trabajar embarcadas (lo más curioso que en la pesca de bajura, bastaba con faenar a solo dos metros de profundidad). En suma, fue gracias al empeño de las asociaciones de mujeres del mar, como se aprobó en el año 2023 una Ley de Pesca Sostenible e Investigación pesquera, que corrige las diferencias en la jubilación (Ley 5/2023 de 18 de marzo).

Otro ejemplo para explicar la estrategia de transversalidad fue a raíz de la promulgación de la ley contra la Violencia de Género (L. O. 1/2004). El Instituto Nacional de Empleo (antes, INEM y ahora SEPE, Servicio Público de Empleo Estatal) debía elaborar un plan personalizado de empleabilidad para mujeres maltratadas. Difícil tarea, porque nuestras universidades han sido muy lentas en impartir asignaturas sobre esta materia; razones por las cuales carecíamos de profesionales preparados para afrontar la tarea

---

[12]   Según la Seguridad Social (2022), las asociaciones de mariscadoras (ANMUPESCA) han liderado la lucha con el Instituto Social de la Marina y el Ministerio de Agricultura, con respecto al coeficiente reductor de la edad (COE): el cálculo de la edad de jubilación. Para ellas se fija en un 0,10; mientras que, para los mariscadores a flote, un 0,15.

en economía o derecho. Dos especialidades demandadas por la función pública. Para subsanar este déficit, dicho plan se redactó desde el Instituto de la Mujer, dependiente a su vez del Ministerio de Trabajo y Asuntos Sociales, así que hubo que encarar dos problemas. Primero, entrenar la virtud de la paciencia para convencer al Instituto Nacional de Empleo, de la necesidad de dicho plan —insistiendo en las «ventajas» que le reportaría sumarse al proyecto—Para después explicar al área de empleo del Instituto de la Mujer que dicha propuesta, pasaría a ser responsabilidad del INEM y lideraría su presentación ante la opinión pública. En el ámbito político la visibilidad es la máxima recompensa, y para conseguirla se lucha a brazo partido. En justa correspondencia habría que contar con el «visto bueno» de la plantilla del Instituto de la Mujer, la casa matriz que diseñó este plan de empleo, para evitar los lógicos sentimientos de «expropiación» de competencias cuando se aplica la transversalidad.

2.2. El acero de la memoria

El acero es un metal de gran resistencia a ser penetrado, rayado, o deformado. Las administraciones públicas poseen una racionalidad de gran dureza para los cambios. Opera con la pulcritud propia de un inventario. Y, lo que me preocupa es que sus procedimientos son mucho más que métodos de trabajo, son su propia identidad. Esta reproducción de costumbres implica conservar un orden perdurable. Con estas características propias de un metal ¿cuántas de medidas de presión han de superar las políticas transversales?

Para mantener la memoria del «siempre se ha hecho así», hay que ensalzar la tradición. No es casualidad que la antigüedad de los empleados públicos, áreas, o departamentos, está ligada a la idea de promoción interna dentro de una Administración eficiente. De hecho, los años acumulados son el emblema del funcionariado. La memoria de cómo se ha trabajado —y se trabaja— es la principal credencial de un oficio bien hecho; las técnicas administrativas se vuelven minuciosas y, de esta forma, su lentitud se asimila a rigor, por lo que cualquier petición de agilidad es una prueba palpable de la ignorancia de quien lo pretende (normalmente la élite política no avezada). Para los empleados públicos, la estabilidad, además de facilitar una cohesión de grupo, es un factor que organiza la vida laboral: todo el mundo sabe qué hacer y cómo hacerlo y cualquier cambio, por mínimo que sea, concita la perplejidad de quienes mantienen el orden administrativo. La memoria se expresa en otras marcas de poder. Por ejemplo, hay despachos que sobreviven a los cambios de legislatura: el del Servicio Jurídico (Abogacía del Estado), o el de control financiero (Intervención General de la Administración del Estado), o los directivos de las Administraciones ubicados en las plantas nobles...

Otro ejemplo: a la hora de presentar alguna innovación sobre contenidos de trabajo, la respuesta suele ser «nunca se ha hecho así», «es la primera vez» ... De esta manera, lo que resulta ser una inercia se convierte en una referencia del buen hacer. Muchas directoras generales me contaban cómo eran recibidas sus propuestas, en especial por parte de los interventores de su organismo, como una extravagancia incomprensible. El informe anual de las Administraciones representa una memoria colectiva sobre la importancia de cómo ser fieles a los procedimientos, a cargo de un colectivo cualificado. La memoria, como catálogo de actividades, también sirve de mutuo reconocimiento para quienes trabajan en la función pública año tras año, todos adoptan formatos burocráticos similares. Ante tanta reiteración como prueba de eficacia, los nuevos cargos políticos se vivencian como elementos extraños a la organización, por mucho que estos ocupen los despachos de los que emanan las decisiones.

En estas circunstancias, las políticas de igualdad deben superar difíciles obstáculos para aplicar la transversalidad, aunque esté regulada en leyes orgánicas (art. 15, L. O. 3/2007). Los verbos relativos a la aplicación del *mainstreaming* son: incorporación, seguimiento, integración. Reconozcamos que son unas partituras ajenas en las Administraciones divididas en especialidades. Como apunta Michael Barzelay, al explicar la rigidez de la burocracia, la propia organización interna de las instituciones compromete la acción de los gobiernos. Entre otras cosas, porque la función pública es refractaria a los tiempos marcados por las agendas políticas —expuestas a convocatorias electorales—; y si a esto se añade que las políticas de igualdad son unas recién llegadas a las Administraciones Públicas, su asimilación dependerá de algo tan volátil, como la buena voluntad. La transversalidad no es estructural a las administraciones, es competencial; es decir, se asignan unas tareas a la plantilla y, será el nivel, el cuerpo y la categoría, lo que defina la ocupación del puesto de trabajo, quedando la especialización en igualdad, inscrita en el apartado «otros méritos». La polivalencia podría haber sido una eficaz medida para superar los muros entre áreas y familiarizarse con las políticas transversales, pero en la administración hay de todo, menos polivalencia. En resumen, si la transversalidad no forma parte de la identidad organizativa de la función pública, ¿cómo se soluciona este déficit? A través de la elaboración de Informes: informe de Impacto de Género, Informe sobre brecha digital, informe de evaluación, planes de igualdad. Entonces sí, todos deben contribuir a rellenar estos documentos, para lo cual se derivarán a cada área, o departamento concernido en su formulación. Y allí, la plantilla sumida en el sopor de tener que rellenar indicadores sobre igualdad, que ni entienden, ni comparten su utilidad, porque no está integrada en su ejercicio profesional, tendrán que cumplimentar lo solicitado sin rechistar. Pero en eso consiste la administración: en seguir fielmente los procedimientos. Un ritual sin consecuencias.

La extrañeza ante la igualdad, devine en una falta de entrenamiento para trabajar en equipo. Me viene a la memoria una propuesta del Instituto de la Mujer para crear un grupo de estudio para diseñar nuevos indicadores de cara a los presupuestos generales del Estado, para lo que fueron convocados varios ministerios. En las primeras sesiones, ya costó avanzar con la tarea, pero nadie explicitaba dónde estaban las dificultades de trabajo. ¿Era el rango del organismo convocante, una dirección general?, ¿la osadía de haber tomado la iniciativa, en vez de quien tenía las competencias, el Ministerio de Hacienda? Todas fueron ciertas.

Nos habíamos saltado las normas, las iniciativas nunca debe tomarlas el pez pequeño. Muchas veces la Administración Central evoca el estilo versallesco de la corte de Luis XIV, donde la cortesía sirve para ocultar el gran enfado del Rey Sol que otros se encargarán de hacerlo saber a los demás.

3. TERCERA FRONTERA: LA ALTERNANCIA DE GOBIERNO

Cuando se convocan elecciones todos los medios de comunicación y, por supuesto, quienes seguimos la prensa, o las redes, caemos en la tentación de convertir la previsión de resultados en una suerte de pasatiempo japones, el Sudoku, para jugar con el cálculo de probabilidades de futuros gobiernos. Elucubrar en función del número de posibles escaños bien en las autonómicas, o en las generales al Gobierno Central y gracias a las predicciones demoscópicas, todo se transforma en un catálogo de «apuestas». Si miramos dentro de las instituciones, el paisaje no es tan motivador, allí encontraremos a unos cargos, ya en funciones —sin duda, la fase más extraña: estar en funciones y a la espera de entregar el móvil corporativo— junto a unos empleados públicos aguardando conocer los nombres de la nueva élite política. Una coexistencia singular: una plantilla con un trabajo estable, como todos los cuerpos y escalas de la Administración[13], y un sistema político renovable. De esta manera, asistimos al fenómeno que Elster (1983) denominó las preferencias adaptativas; es decir, cuando cada grupo se mantiene fiel a su idiosincrasia y pasará a pensar en su futuro próximo. El funcionariado tendrá la opción de amoldarse a la nueva élite política, o solicitar otro destino a través de sus redes corporativas. Y a los cargos electos les toca decidir si retienen al funcionariado valioso, al margen de cuál sea su tendencia de voto, nutrirse a ciegas

---

[13]   Ley 7/2007, de 12 de abril, del Estatuto del Empleado Público, reformado por Real Decreto Legislativo 5/2015 de 30 de octubre.

de quienes les derive el partido, o exigir idoneidad junto a la libre designación.

Todos los inicios de legislatura suelen conllevar una renovación del capital humano para importantes instituciones. Por citar solo un 0,5 % de las mismas: Presidencia del Instituto Cervantes, Dirección de Comisión Nacional del Mercado de Valores, Dirección del Banco de España, Dirección de Renfe, Dirección General de Paradores... [14]. El principal problema es carecer de regulación, de protocolos de transferencia de información entre el Gobierno saliente y el entrante, un comportamiento consentido por todas las Administraciones Públicas; un grave error sobre el que no repara ningún medio de comunicación, entretenidos en diseccionar los nuevos nombramientos. Al finalizar la VIII legislatura (2004-2008) mi equipo elaboró varios documentos sobre las tareas pendientes (incluidas las futuras citas internacionales), para el siguiente gobierno. Todo el empeño era evitar poner el cronómetro a cero, una y otra vez, en un incesante «volver a empezar». ¿Se imaginan el despilfarro de oportunidades que supone eliminar toda documentación previa? ¿Aún no se ha contabilizado el coste de una ruptura con los compromisos de la anterior agenda política? Nadie parece reparar lo que significa que un alto cargo entre en un despacho en el que, salvo los muebles, no encuentre nada en absoluto.

En otro orden de cosas, el espacio físico se convierte en un terreno al que conquistar sin miramientos. En la XII legislatura, bajo la presidencia de Mariano Rajoy, el secretario de Estado de Asuntos Sociales e Igualdad instaló a estas dos plantillas en el mismo edificio, a pesar de que el área de igualdad tenía una grave dispersión de personal, ubicado entre el Instituto de la Mujer y otras dependencias del Ministerio. En la siguiente legislatura, en

---

[14] Algunos organismos susceptibles de relevo, a modo de ejemplo: Centro de Investigaciones Sociológicas (CIS), Administrador de Infraestructuras Ferroviarias (ADIF), Centro para el Desarrollo Tecnológico y la Innovación (CDTI), Loterías y Apuestas del Estado (LAE), Centro Nacional de Inteligencia (CNI), Agencia Española de Protección de datos (AEPD), entre otros.

el año 2018, las responsabilidades de Asuntos Sociales volvieron a inscribirse en el Ministerio de Sanidad, e Igualdad pasó a depender de la Vicepresidencia del Gobierno, Carmen Calvo. Harían falta dos años para reorganizar los despachos y fuimos testigos de un sorprendente catálogo de comportamientos erráticos, el propio despacho se convertía en una pertenencia vital (la Oficialía Mayor se encarga del inventario de bienes), y cualquier desplazamiento era una suerte de expatriación. Les parecerá una anécdota, pero con cada renovación de Gobierno se modifica su estructura administrativa (tanto si se trata de la ministerial, como la de un Gobierno autonómico) y se activa una ingente mudanza de oficinas, escalafones, material, etc., con un tiempo mínimo de seis meses.

Cada nuevo equipo de gobierno presenta su propia agenda, pero carecemos de una cultura organizativa sobre el traspaso de información, bien entre cargos directivos, personal técnico[15]y, por supuesto, entre las élites políticas. Lo llamativo es que, incluso perteneciendo al mismo partido político, no tenemos la costumbre de fijar reuniones para exponer las medidas pendientes del ejercicio anterior con el fin de asegurar su eficacia futura. El síndrome de la inauguración es recurrente con cada nuevo mandato, lo cual afecta a la continuidad de las políticas públicas. Lamentablemente lo más recurrente al final de cada legislatura es una suerte de competitividad sistémica, produciéndose unas rupturas totales, excepto para aquellas políticas públicas que, por su naturaleza, precisan de una red informática para gestionar un gran volumen de datos: empleo, pensiones, políticas energéticas, negociaciones con la UE, retribuciones del funcionariado, entre otras. Sin embargo las políticas de igualdad, al concentrarse en institutos de la mujer, o

---

[15]   En las áreas de igualdad se encuentra un número importante de personal laboral. La diferencia entre el funcionariado y el personal laboral ya estaba recogida por la Constitución española, que distingue entre el Estatuto de los Trabajadores (art. 35.2 de la Constitución CE) y el Estatuto de los Funcionarios Públicos (art. 103.3 de la Constitución CE).

direcciones generales, están más expuestas a una severa fluctuación en sus objetivos[16] .

Este fue una de las conclusiones a las que llegamos en un proyecto de investigación[17], a propósito de las unidades de igualdad, como mecanismos de transversalidad interministeriales, como en el resto de las entidades con estos objetivos, precisan de un equipo estable. A veces, se concitan más logros con el sector privado que con otras instancias burocráticas, las cuales regulan lentísimos procesos de verificación. Pondré un ejemplo: cuando el Instituto de la Mujer (cuya gran idea partió de una subdirección innovadora) impulsó una estrategia para trabajar sobre los sesgos de género en prácticas profesionales de alto nivel, se generó una red entre prestigiosas escuelas de negocios —como ESADE o el Instituto de Empresa— y el propio organismo de igualdad. De esta colaboración surgió un solvente programa, TALENTIA, que desde el año 2009 trabaja en aquellos sectores altamente masculinizados de la empresa privada. En suma, la transversalidad es un proceso lento porque prospera solo si existen gestos de mutua confianza, como describen las entidades impulsoras de esta estrategia: la Red Europea de Mainstreaming de Género, la Plataforma sobre la integración de la perspectiva de género, del Instituto Europeo de la Igualdad de Género, o, en España, el Programa Mainstreaming de Género, del Instituto de las Mujeres, entre otras.

---

[16] Excepto en aquellas políticas que, por ser de protección social, conlleven ayudas específicas administradas en forma de prestación, que resisten mejor los sucesivos cambios de Gobierno, mientras que las políticas de igualdad no se ajustan a este esquema.

[17] Proyecto de investigación: «La Optimización de las Administraciones Públicas en la Aplicación de las Políticas de Igualdad. I+D+I», de la que fui investigadora principal (FEM 2011-25122), junto con Luis Mena, Marta Gutiérrez y Kerman Calvo.

PARTIDOS POLÍTICOS Y SINDICATOS

> Un partido que es capaz de autocriticarse
> demuestra que se mantiene despierto.
> Alicia Moreau de Justo, activista política argentina, 1918.

- Cara y Cruz de la libre designación de los cargos públicos.
- ¿Criterios de la libre designación: profesionalidad o lealtad a las élites políticas?
- Elecciones primarias. Las conferencias políticas: un intercambio de favores.
- La comunicación interna de las instituciones, imitando la comunicación política.
- Los sindicatos y su papel en la lenta modernización de la función pública.
- El sistema de cuotas y el «derecho de admisión» en los espacios de poder (el mal llamado *síndrome de la impostora*).
- Un indicador de la democratización pública: la paridad.

1. PARTIDOS POLÍTICOS

En su significado original representar es hacer presente lo que antes estaba ausente, como describía el derecho privado romano que después migraría al derecho público moderno. Los representantes actúan como legítimos traductores de las demandas de la ciudadanía, aunque esta intención se vea intermediada por las prioridades de los partidos. En este sentido, incluir las políticas de igualdad en los programas electorales anticipan una idea de cómo calculan su cotización electoral. En sus textos se esmeran en sumar epígrafes con los «problemas» de conciliación, o violencia, quedando en otras páginas medidas sobre economía, medio ambiente, o innovación. La transversalidad también se queda a las puertas de las propuestas electorales. Siempre me surge una pregunta cuando los leo, la misma que justifica este texto: ¿cómo pueden prosperar las políticas de igualdad entre la burocracia de la Administración y los aparatos de los partidos políticos? Si hasta aquí hemos observado la Administración, ahora veremos el papel de los partidos políticos.

La definición más sencilla sobre un partido político la aportó Giovanni Sartori: «Cualquier grupo político identificado por una etiqueta oficial que se presenta a unas elecciones y es capaz de obtener candidatos a cargos públicos». En el siglo XIX, los primeros partidos estarían conformados por cuadros políticos (Max Weber); para después fundarse en torno a personas notables del territorio (Maurice Duverger). Según se van institucionalizando se fortalecen sus élites a partir de los propios lideres del partido, hecho que generó una endogamia tan feroz que fueron perdiendo el contacto con la sociedad civil; de esta manera, al verticalizar sus estructuras actuaron como clanes cerrados (Richard Katz y Peter Mair), la principal característica de los partidos parlamentarios del siglo XIX. Luego, los burgueses, como antes lo fueran los nobles, constituirían el vivero político de unas organizaciones cada vez más profesionalizadas y, sobre todo, cada vez más dependientes de la financiación de los Estados. Es a finales del XIX e inicios del XX cuando los objetivos de los partidos políticos representan otros intereses: vindicaciones obreras (PSOE y Partido Comunista, etc.), los movimientos sociales (ecologistas, feministas, etc.), o representando principios religiosos o empresariales (demócratas cristianos y liberales); además de las identidades territoriales (partidos nacionalistas), de esta manera, los valores ideológicos sustituyen a las lealtades propias de linajes políticos con apellidos ilustres.

Visualizo a los partidos políticos como un buque de gran eslora. En este tipo de naves su tripulación está formada por quienes se encargan de su mantenimiento y quienes definen el rumbo, los capitanes y oficiales. Aunque en el derecho marítimo la dotación de estas categorías requiere titulaciones profesionales, en las organizaciones políticas los miembros de las ejecutivas estarán volcados en trazar fuertes alianzas con el capitán del buque para acordar sus parámetros de ruta. Si las Administraciones Públicas carecen de una especialización sobre igualdad de oportunidades, habrá que subsanar este déficit eligiendo cargos públicos con acreditada experiencia en esta materia, pero este criterio queda en un segundo plano, porque para la mayoría de los partidos basta con elegir a una mujer. ¿Qué papel juega la voluntad de los líderes políticos en cuanto a seleccionar a «su» tripulación de confianza[1]? El privilegio de la designación directa por parte de las elites políticas afecta a multitud de instituciones; para empezar la provisión de puestos en la Administración Pública, o bien formando del personal directivo de las instituciones, estos nombramientos aportan un extra de legitimidad gubernamental (Meny y Thoening, 1992), sin olvidarnos de los asesores adscritos al cargo político.

La designación directa conlleva varias fases. El primer paso al oficializar los nombres de las candidaturas, en las cuales la posición de salida y los puestos con más incertidumbre marcarán la primera disputa interna; en un segundo paso, y con un menor nivel de responsabilidad, están quienes asumen labores de asesoría, técnicos o trabajadores eventuales. Su volumen dependerá del número de votos que haya obtenido cada formación política: aquellos partidos que alcancen el Gobierno ocuparán la cúspide de las Administraciones Públicas; en cambio, los partidos de la oposición verán adelgazar su cobertura ocupacional para la contratación

---

[1]   Niklas Luhmann (2008), trata la confianza como el núcleo de relaciones sociales, un sistema provisto de reglas para reducir la complejidad gracias a un sentimiento que reporta seguridad sobre un futuro próximo, tanto entre grupos, como en instituciones.

de asesores. En ambos casos, se hará por afinidad ideológica, preferencias que servirán para mostrar el poder de las élites políticas, por distribuir el reparto de oportunidades (salariales y curriculares). Exhibir los destinos laborales, a instancias de las ejecutivas políticas es la prueba irrefutable de cómo se agradecen los servicios prestados —y una lección para quienes se muestran distantes con las fidelidades debidas— La cultura de las organizaciones políticas se basa en la voluntad expresa de producir este escenario de perpetua decisión sobre listas, tanto electorales, como institucionales, lo que propicia un patrón de comportamiento responsable de buscar, sobre todo, adhesiones orgánicas. En los partidos políticos, como en todas las estructuras organizativas, contamos con personas con una gran valía y compromiso de trabajo, las he conocido y son admirables, las cuales conviven con otras personas cuya identidad proviene de tener un buen mentor y mantienen una débil implicación en el proyecto. La libre designación es fácil detectarla, desde las operaciones de rescate (de quienes perdieron su cargo institucional) explorando otras oportunidades de colocación, hasta los apadrinados por familias de notables (con una larga historia en el partido).

Aunque lo permita la norma, hoy en día, es imposible presentarse a una candidatura política sin contar con el aval de un partido, o de una plataforma de partidos. España es el país europeo con más partidos políticos. La regulación de los partidos políticos se fijó en la Constitución de 1978 (artículos 6 y 22) para garantizar la participación política con suficiente pluralidad, desarrollándose a continuación la Ley Orgánica de Partidos Políticos[2]. Lo que aquí me interesa resaltar son los mecanismos en la designación de cargos políticos, porque no es una decisión cualquiera, de ella dependerá la responsabilidad de un desarrollo solvente de políticas de públicas o, por el contrario, su anquilosamiento.

---

[2]   La Ley Orgánica 6/2002, de 27 de junio, de Partidos Políticos, desarrolla las previsiones esenciales contenidas no solo en el art. 6 e la Constitución española, sino en otros tipos de asociacionismo.

Si la Administración Pública es la entidad que une el Estado y la sociedad, los partidos políticos son los mediadores entre la acción de gobierno y la ciudadanía. Su estudio es objeto propio de la ciencia política[3] y del derecho constitucional, disciplinas que los identifican como sinónimo de una democracia representativa. En nuestra Constitución[4] se describen sus funciones y, como sociedad civil, los iremos conociendo por su ideario, bien cuando actúan desde la oposición y, sobre todo, por su ideología respecto a los derechos y las políticas públicas que promueven desde el gobierno. Además de lo más visible, sería interesante observar su coherencia entre el contenido de sus agendas políticas y las personas a quienes encomiendan su desarrollo. Los partidos políticos, a medida que crecen territorialmente, y se hacen fuertes, corren el riesgo de padecer una falta de democratización interna (Vargas-Machuca, 2006). Provistos de una estructura endogámica que, si bien aporta la estructura necesaria para su funcionamiento, también deteriora su imagen pública, lo cual provoca mayor perplejidad ciudadana cuando se cierran en sí mismos. De hecho, hoy en día, resulta más atractivo integrarse en asociaciones, plataformas ciudadanas, que franquear la línea de afiliarse a un partido político, en especial para las generaciones más jóvenes. Peter Mair alerta sobre la progresiva falta de sentido al quebrarse la fidelidad de voto, así como la desafección generalizada sobre el papel que juega la «clase política». Esta posición no es nada alentadora, porque es indiscutible la necesidad de las organizaciones políticas; de lo contrario, sin una representación pluralista estaríamos abocados a una frágil democracia ante fuerzas involucionistas.

---

[3] Seymour Lipset y Stein Rokkan lo hicieron desde la teoría de las fracturas (*cleavages*). Los partidos nacionalistas o el histórico partido surgido a partir de las diferencias entre terratenientes e industriales (como el Partido Agrario durante la II República española) son otros ejemplos de formaciones políticas.

[4] Las enmiendas durante el debate constitucional acerca de los sistemas internos de control que deberían mantener los partidos políticos constan en los Diarios de Sesiones. Una lección de política comparada por la defensa de la representación política en los años setenta (art. 2 de la L. O. 6/2002).

En España fue precoz la crisis de confianza, los primeros estudios evidencian una gran volatibilidad de representación (Tania Vergé, 2009), aptitud que se mantiene en el Eurobarómetro de 2022, en el cual un 70 % de la ciudadanía desautorizaba a los partidos políticos, incluso a aquellos que se erigieron en la solución ante los escombros de una política convencional —Podemos, Ciudadanos—, imitadores de las viejas fórmulas de poder, obstinados en proteger sus jerarquías, capaces de todo para neutralizar discrepancias con la cúpula; «quien dice organización, dice oligarquía» escribía Robert Michels, en su clásico texto sobre los partidos políticos.

Existen partidos de carácter estatal y aquellos cuya demarcación territorial los hace más pequeños, lo importante es conocer cuál es su rendimiento en número de escaños, porque no todo depende del volumen de votos si tenemos en cuenta la ley electoral, la cual favorece a los partidos más grandes, los llamados partidos de gobierno. Alberto Penades lo define como un tablero inclinado, porque los partidos pequeños reciben una prima frente a los de circunscripciones más grandes. El politólogo es partidario de buscar fórmulas de equilibrio, porque los sistemas pueden ser equitativos sin ser proporcionales, algo a tener en cuenta si se abordan estas reformas en futuros proyectos legislativos.

Para la opinión pública la rivalidad entre partidos es legítima, pero se entiende mejor cuando la diferencia ideológica está centrada en propuestas para la ciudadanía; en cambio, si es solo partidista; es decir, cuando las transacciones entre partidos dejan de centrarse en la tarea (leyes, ordenanzas), se cae en un bucle sin salida. Es decir, cuando no importa tanto qué propuesta requiera un acuerdo, sino quién lo propone. De esta manera, se instaura una sensación de esterilidad que afecta al funcionamiento de los parlamentos o, lo más grave, que explica la falta de coordinación entre Administraciones —locales, autonómicas— por el hecho de ostentar distinto signo político. Por ejemplo, para optar a la financiación derivada de los fondos europeos, uno de sus principales requisitos es acreditar una red viva entre entidades; o lo que es lo mismo, el grado de gobernanza multinivel entre las instituciones. Se trata de una verificación obligatoria por parte de la Unión Europea, cuyo fin es comprobar el grado de cooperación entre distintas Administraciones (partners). Por desgracia, siguen sin contabilizarse los costes económicos derivados de la competitividad entre instituciones, entidades, o grupos de interés. Sabemos bien, que la estabilidad de todo gobierno depende de cómo se afronten los vetos sobre una agenda política concreta, sobre cómo se gestionan las actitudes saboteadoras (The Veto Players); como lo estudió George Tsebelis, al investigar el impacto político en el derribo de los adversarios, en especial su sagacidad para revocar los logros anteriores, y el empeño en desautorizar lo conseguido. Esta forma de concebir la política con ataques solapados entre partidos políticos conlleva riesgos de retroceso en derechos. Un ejemplo sobre los efectos de una contienda política fue la que aconteció en el año 2010, bajo el gobierno de J.L Rodríguez Zapatero, con la hostilidad de la oposición sobre la ministra de Igualdad, Bibiana Aído, a raíz de la cual, se eliminó el ministerio por el mismo Gobierno que lo había creado[5], algo que no había sucedido nunca en plena legislatura. Esta falta de resistencia por parte del Gobierno reforzó la idea de que las políticas de igualdad son intercambiables, o bien materias de pacto entre partidos. Esta claudicación originó una cadena de desprestigio que contaminó a sus responsables en las concejalías, consejerías y direcciones generales. Los sistemas políticos aprenden a mantener un equilibrio a prueba de innovaciones y expulsan a quienes osan contradecir sus reglas. Nuria Varela se atreve con una pregunta incómoda ¿Por qué las mujeres abandonan la política? (*El síndrome Borgen*). Sería revelador investigar el número de competentes mujeres (y valiosos hombres) cuya formación política decidió prescindir de su presencia, con métodos tajantes y sin ceremonias de despedida, una suerte de muerte súbita.

---

[5] El Gobierno del PSOE eliminó el ministerio, se mantuvo el edificio y la ministra de Igualdad pasó a ocupar una Secretaría de Estado. Las políticas de igualdad retrocedieron, se integraron en el Ministerio de Sanidad, volvimos a 1982, cuando estaban en el Ministerio de Asuntos Sociales. Sobre esto, véase mi artículo «Los costes de una decisión». *El País*, 16 de octubre de 2010.

1.1. La libre designación

Este tema merece nuestra atención y, digo esto, siendo benefi-ciaria de lo que significa la libre designación, dado que mi nombre siempre se propuso bajo este procedimiento, por estas razones mis objeciones solo se centran en subrayar el criterio de idoneidad de la propuesta, preocupada por la volatibilidad de las políticas de igual-dad. No en vano, solo en casos excepcionales se piensa en expertas cuyo perfil —en el que caben todos las materias— se sumen las aportaciones teóricas y políticas de autoras feministas. En mi caso, el ministro de Trabajo, Jesús Caldera, consultó a numerosas asocia-ciones de mujeres para nominar a un alto cargo; yo tuve la fortuna de haber finalizado una investigación sobre el asociacionismo, junto la socióloga Rocío Rodríguez Prieto, a iniciativa del Consejo de la Mujer de la Comunidad de Madrid, presidido por Begoña San José. Esta coincidencia temporal facilitó que jugará con ventaja, al haber entrevistado a muchas de las asociaciones del país, conté con sus avales. He de aclarar que el ministro de trabajo, antes diputado por Salamanca, y yo como profesora de su universidad, nunca coincidi-mos. Con ese caudal de confianza inicié mi vida política en el labe-rinto de Creta: la Administración Central. Un aprendizaje en tiempo real, en un contexto totalmente ajeno a lo anteriormente conocido, en el que no hubiera podido sobrevivir sin una experiencia —académica y activista— sobre las políticas de igualdad[6] y, por supuesto, sin la ayuda inestimable del funcionariado (exiguo, pero entusiasmado).

Me explicaré. Cuando llegué al Ministerio de Trabajo en la VIII legislatura (2004-2008) y como secretaria general, mi rango no permitía disponer de asesores externos a la función pública y

---

[6]   En 2018, fue mi conocimiento de la Administración Central lo que pesó decisivamente en mi elección; una segunda *experiencia* que duró un año y ocho meses. Conté con un excelente equipo, convocado a reuniones semanales de pre-paración de agenda y lo hice con todos los niveles administrativos. No es un rasgo de generosidad, sino un esquema de reciprocidad de habilidades: los que conocen la red funcionarial y quienes somos expertas en igualdad.

carecía de un equipo nominado por libre designación. De hecho, conocí a la directora del Instituto de la Mujer el mismo día de su toma de posesión. Un primer problema fue, debido a la ausencia de un área de igualdad en la Administración Pública, la falta de personal experto en el cuerpo de funcionarios. Ante esta circunstancia recurrí a la red del Instituto de la Mujer; me conocían bien, trabajé allí en los años noventa, lo que facilitó que dos funcionarias emprendieran la aventura de salir de la «casa madre» para incorporarse a mi gabinete, dentro del Ministerio de Trabajo y Asuntos Sociales. Asimismo, durante los primeros meses, mis secretarias al anunciar mi posición: «De parte de la Secretaría General de Políticas de Igualdad», me identificaban con Familia y Servicios Sociales. Hasta el año 2004 no se consiguieron liberar las políticas de igualdad de otras competencias: familia, discapacidad, jóvenes. Pero hoy, salvo excepciones, es para las instituciones el cajón de sastre por excelencia.

Pero necesitaba refuerzos y así se lo hice saber a la Subsecretaría del ministerio. Todavía recuerdo su implacable contestación: me invitó a solicitar que otra Secretaría de Estado me cediera alguno de sus asesores. Sin el pedigrí de pertenecer al partido era todo un delirio creer que alguien cedería su personal a una desconocida y sin pertenecer a ningún cuerpo de élite de la administración. Con este episodio aprendí tres reglas de las organizaciones. La primera, que antes de formular una demanda es recomendable informarse sobre el procedimiento[7], de lo contrario corres el riesgo de auto desacreditarte. Este hecho me serviría para salir airosa de futuras sesiones con los chamanes de la Administración Pública, subsecretarios, interventores y abogados del Estado. La segunda lección, aprender a trabajar con los medios a tu disposición y, para no desesperarse, buscar colaboración en el resto de la estructura administrativa, demandando un respaldo explícito «desde arriba» (Gabinete del

---

[7] Cuando la libre designación se verifica entre el funcionariado, sus requisitos figuran en el artículo 78.2 del Estatuto del Empleado Público (Real Decreto Legislativo 5/2015 de 30 de octubre.

ministro). Y la última lección, superar los estrechos márgenes de tus competencias e intentar implicar a otras áreas ministeriales, una suerte de transversalidad por necesidad. Recuerdo un ejemplo, sobre el deporte femenino, no nos conformamos con pedir un informe al Consejo Superior de Deportes, era preciso que el propio Consejo liderara el proyecto. Quiero recordar que en el año 2005 pretendíamos abrir las puertas de las organizaciones deportivas para impulsar equipos de fútbol y, sobre todo, en Primera División. Emulando este comportamiento queríamos estimular al resto de los clubes de futbol poniendo como punto de referencia a «los grandes». Referencias de éxito para fomentar el área de mujer y deporte, pero en igualdad de condiciones. Preferimos «acompañar» al Consejo Superior de Deportes que sustituirlo, porque este órgano era el más eficaz a la hora de reforzar la viabilidad de las medidas[8].

Como ya señalé, en las Administraciones Públicas existen dos procedimientos básicos de provisión de puestos de trabajo, ambos basados en los principios de igualdad, mérito, y capacidad: la oposición de turno libre, o el concurso oposición, en ambas modalidades se valoran los méritos y aptitudes por un órgano colegiado de carácter técnico; y la libre designación, que consiste en la «apreciación discrecional por el órgano competente de la idoneidad de los candidatos en relación con los requisitos exigidos» (TREBEP[9], art. 80). La libre designación en el caso del funcionariado recurre a una convocatoria pública en el Boletín Oficial del Estado, que publicita los puestos vacantes y que se convocan los días 1 y 15 de cada mes, donde se describen los perfiles del puesto de trabajo y, después, se adjudicarán a los equipos de

---

[8]   Se trataba de impulsar equipos de futbol femeninos, pero el responsable que ocupaba el Consejo Superior de Deportes no se involucró en este proyecto. Fue en el año 2018 cuando ocupó la dirección una deportista de élite. En el siguiente Gobierno, 2021, los compromisos del partido primaron para nominar un cargo sin perfil ni experiencia.

[9]   Real Decreto Legislativo 5/2015, por el que se aprueba el texto refundido de la Ley del Estatuto del Empleado Público.

ministros, secretarios de Estado (Real Decreto 364/1995) en el caso del Gobierno central. En el resto de las Administraciones, la libre designación del funcionariado implica una legitimidad extra, como la nombra Meny y Thoening (1992), porque, aunque sus puestos sean provisionales representan oportunidades de acreditar méritos. Este método de provisión de puestos de confianza se utiliza por todas las Administraciones: central, autonómica y local, a través de nombramientos: jefaturas de sección, de área, de programas o de servicios. No hay mayor agravio que preguntarse por las razones de dicha «discrecionalidad», sobre todo entre niveles equivalentes; porque, de no ser personas con una cualificación sobresaliente, las sospechas de un favoritismo arbitrario serán pasto de las conversaciones de pasillo, las cuales, al servirse del secreto y la complicidad, no admiten réplica. Sabiendo que es inevitable, los nuevos cargos tendrían que plantearse como primer objetivo, crear un clima de trabajo en equipo, porque de lo contrario, se asumirá un liderazgo a espaldas de una plantilla que tiene en sus manos la aplicación de las políticas públicas.

Todo nombramiento público por libre designación se basa en un sentimiento de confianza, una percepción que opera en tiempo presente, pero también se proyecta sobre un futuro; es decir, la lealtad actúa como un sustento afectivo capaz de neutralizar la presión diaria de trabajo. Muchas veces, en encuentros de empresa, sus directivos me decían que la tensión diaria está presente en todos los puestos de responsabilidad, no solo política. Lo siento, pero no coincido; ejercer como cargo público te sitúa bajo la lupa de tres fornidos gladiadores: los medios de comunicación/redes sociales, las comparecencias en las Cortes Generales y, desde luego la exposición a la opinión pública. En la esfera empresarial el anonimato está garantizado.

Las élites políticas, además de la designación de cargos entre el funcionariado, cuentan con la elección de un volumen importante de asesores. Quienes acceden a la Administración como personal de carácter eventual, nombrado con «carácter no permanente y que realiza funciones de confianza y de asesoramiento» conocen de antemano que, «Su nombramiento y cese serán libres». (TREBEP, art.12). En cuanto a su número y su retribución, va a depender de la autonomía de contratación de las instituciones donde les reclamen para prestar apoyo técnico. Estamos ante una suma ingente de oportunidades laborales, repartidas a la carta y sin transparencia alguna, porque la adjudicación de puestos no siempre se ejecuta atendiendo al desempeño en sí, sino —en buena parte— en una suerte de gratificaciones a las ejecutivas. Con los cambios de gobierno crecen las expectativas de la militancia, es como un «ejército de reserva» con grandes expectativas a la espera de saber si formaran parte de los elegidos. De no cumplirse sus aspiraciones, el malestar está totalmente justificado. Esta cultura interna de los partidos políticos propicia las disputas para aspirar a ser un cargo orgánico, porque sus opciones son mayores, aunque no siempre se cumplan las predicciones dada la competencia sistémica entre las cuotas territoriales, u otras circunstancias. Cuando se pierden, o se ganan, unas elecciones, la maquinaria de la libre designación se dispara. Saben muy bien los «nombrados» que un trabajo bien hecho no siempre es garantía de estabilidad laboral. He conocido a responsables políticos con un nulo interés en la materia para la que fueron designados, pero que sobrevivieron gracias a la cualificación de su personal técnico, más comprometido en el trabajo que los propios cargos. También he tenido el privilegio de trabajar con responsables políticos, dotados de una extraordinaria capacidad intelectual, enamorados de su tarea, sin cálculos sobre su permanencia, porque daban prioridad absoluta a su acción de gobierno. No quiero olvidarme del enorme número en alcaldías y concejalías, pero en los pequeños ayuntamientos, sometidos a la presión de su propio vecindario, más propenso a demandar servicios a su corporación local; eso sí, desde la posición de intransigente cliente, más que como ciudadanos con ganas de participar en la vida pública. Esta dedicación, cuasi exclusiva y sin retribución, nos obliga a formular una pregunta incómoda sobre las administraciones rurales: ¿es compatible la dedicación política con un trabajo remunerado?

Si las sociedades democráticas han de asegurar la pluralidad de partidos políticos, estos deben apostar por una mayor democracia interna, pero se comportan como entidades privadas, enfundándose en el principio de reserva y confidencialidad. No en vano se menciona la desprivatización de las organizaciones políticas para visibilizar aquellos cargos orgánicos que repiten cargos institucionales año tras año, gracias a lo cual el circuito de la fidelidad/antigüedad se alimenta hasta desautorizar cualquier renovación (José Antonio Gómez y Joan Navarro).

Las personas que prestan labores de asesoramiento están presentes en todas las instituciones, todo un mercado de trabajo que se distribuye con la máxima opacidad y como en todo grupo humano hay excelentes profesionales o, por edad, merecidas oportunidades para personas que están empezando. Hagamos cuentas: se necesita un cuerpo de asesores para 265 miembros del Senado, 350 miembros de Congreso, para los ayuntamientos más grandes y diputaciones provinciales[10], para las comunidades autónomas (17), para el Gobierno central, Parlamento Europeo, delegaciones y subdelegaciones del Gobierno, sin olvidar las corporaciones locales, cuyo número de asesores, o personal técnico, será proporcional al número de concejalías obtenidas. Por otro lado, no debemos olvidar las contrataciones para fundaciones, agencias y entidades públicas de derecho privado, a lo largo de todo el territorio nacional. Así como las distintas oficinas dependientes de Presidencia del Gobierno, que disponen de un amplio margen en la contratación, y sin el requisito de pertenecer al cuerpo de funcionariado.

La función de asesoría se halla en la periferia de este ecosistema donde se aprende la sumisión —ni buscada ni deseada— de quienes desean añadir méritos al currículo de jóvenes que aspiran a acumular experiencia profesional. Lo que se espera de ellos es una

---

[10] Con respecto a los diputados provinciales, son elegidos entre los concejales de los distintos municipios de la provincia, y si los municipios son mayores de 5000 habitantes podrán cobrar por los dos cargos públicos que pueden ocupar (art. 206 de la Ley Orgánica del Régimen Electoral General). Lo mismo ocurre con titulares de los ministerios que mantienen su acta de diputados, o como sucede con aquellos senadores que son también diputados autonómicos. como sucedió en la XIII legislatura.

posición de apoyo/asentimiento, aunque sean buenos profesionales con criterio; lamentablemente, la estructura política no rentabiliza su trayectoria intelectual. Además, como en las administraciones más tradicionales, en las organizaciones políticas se reproduce la segregación en base a la valoración de los puestos de trabajo: quienes se ocupan de las labores de secretaría, al margen de su potencial son valoradas por lo que hacen. Consejerías o concejalías, no importa tanto su desempeño, sino su rango. Todo el mundo es tratado en base a la posición que ocupan en el organigrama, la estratificación en la organización del trabajo es un hecho: cada uno en su sitio. Todas estas personas que desempeñan labores de asesoría técnica pueden ser exprimidas al máximo, con una disponibilidad absoluta durante siete días a la semana. Aun así, seguimos ignorando cuántas mujeres, entre expertas o militantes, son demandadas para estas funciones y en qué posiciones. En todos los casos, carecemos de datos sobre la desagregación por sexo del personal de carácter eventual, asesores, u otros cargos intermedios. La arbitrariedad de la libre designación también se presta a comparar las trayectorias políticas y vitales de hombres y mujeres, en el sentido de indagar cuáles han sido sus biografías políticas, sus estrategias personales, los puestos que han ocupado, o los motivos de su cese. Hay una militancia de largo recorrido, me refiero a las juventudes de los partidos (añadan las siglas que quieran), un lugar iniciático de socialización donde se generan amistades, rivalidades, parejas, unas juventudes que se nutren de la cultura de la organización a la vez que corren el riesgo de confundir su militancia con las «bolsas de empleo» o madurar en la organización pensando en una futura trayectoria orgánica.

Se trata de oportunidades laborales en un país con un desempleo femenino del 15,13 % frente al masculino frente al 11,57% (INE, marzo 2023). ¿De qué nos sirve hacer estadísticas sobre la participación política, número de parlamentarias, alcaldesas, etc., si la nominación para ejercer una ocupación de este tipo carece de datos fiables? La red decisional es masculina (secretarios de organización y secretarios generales), las mujeres muestran una exigua capacidad de nombramientos, son más bien las designadas; es más, ni siquiera lograrán estar blindadas ante cambios imprevistos, basta comprobar la alta rotación de diputadas y senadoras frente a la de los hombres. En encuentros con alcaldesas me manifestaron que una gestión eficiente de su municipio no garantizaba la renovación de su candidatura, porque ésta dependía del beneplácito de los cargos orgánicos.

1.2. Las elecciones primarias

En un afán de modernización y como contrapeso a una oligarquía decisional, los partidos políticos elegían a sus respectivas ejecutivas a través de las conferencias políticas, grandes reuniones que marcan el ideario de los partidos, las cuales además de aglutinar el poder distribuido en toda la geografía, sirven para ratificar los programas de los partidos. Dichas conferencias políticas mantienen una cara abierta, la celebración de mítines con sus líderes, y otra cara más reservada, aquellas sesiones convocadas a puerta cerrada, en las cuales los barones (varones) acordarán los modos de proceder en las futuras ejecutivas federales, siempre atendiendo a un porcentaje de cuotas por territorio —cuotas cuya necesidad nadie pone en duda, — Formada la ejecutiva, ésta representará el yacimiento por excelencia de futuros cargos políticos[11]. Así comienza a gestarse el próximo horizonte electoral (Pablo Barberá, 2010).

Por otro lado, existen fórmulas para conformar las futuras ejecutivas, las elecciones primarias, ideadas para contrarrestar los personalismos y la oligarquía de los partidos, aunque los métodos para llevarlas a cabo desmienten tan loable propósito. Dichas elecciones suelen seguir dos pautas: las convocadas para establecer la composición de las ejecutivas locales, provinciales o autonómicas de cada partido, y las destinadas para decidir las candidaturas que

---

[11]   La mayoría de los partidos políticos alcanzaron una presencia equilibrada (PSOE, 48,3 %; PP, 43,2 %; EH Bildu, 40,0 %); o bien, la paridad (Unidas Podemos, 51,4 %; Ciudadanos, 50 %) (INE, Elecciones 2020).

concurrirán en cada periodo electoral. Las primarias, como mecanismo de elección de candidaturas, fueron adoptadas por primera vez por el Partido Socialista (PSOE) en su conferencia política de 1997 y se celebraron en 1998, con el propósito de elegir a su secretario general, siendo candidato Joseph Borrell, aun dimitiendo poco después por problemas internos. Izquierda Unida las aplicó en 2007, para confirmar a Gaspar Llamazares. En 2016, el último proceso de primarias de dicha formación llevó a Alberto Garzón a ser nombrado coordinador federal. En el caso de Podemos, en 2014, se convocó una consulta abierta a la ciudadanía para optar a las elecciones europeas; su método habitual ha sido depositar en los inscritos la emisión de avales, previa motivación de las candidaturas. En 2018, el Partido Popular, por vez primera en su historia, enfrentaría unas primarias que permitirían a Pablo Casado asumir su presidencia; sin embargo, cuatro años más tarde se revocó este método, bajo la justificación de no quebrar el partido en fracciones irreconciliables.

En este tipo de elecciones se respeta cierta autonomía para quienes concurran a ellas, con suficiente margen para conformar sus propios equipos. Si bien es cierto que las elecciones primarias parecen servir para alentar el debate interno (Oscar Barberá y Rodríguez Teruel, 2012), además de ser bien recibidas por la ciudadanía (65 %, CIS, 2022), lo cierto que es que las primarias no escapan a la lucha por el control, a lo que se suma su método: una obligada adhesión de la militancia y con el nombre propio de cada miembro. No hay problema cuando se trata de refrendar a una única candidatura, pero si son dos personas en competición, todo cambia. El proceso comienza recabando un número necesario de avales para poder presentarse, mediante dos vías, la primera de manera online y anónima, o bien, con la firma y el DNI de cada militante. Recogidos los avales que habilitan para poder presentarse, se pasa a la votación en las urnas de las agrupaciones, con una mayoría simple se decide el resultado.

Las candidaturas pueden surgir de unas elecciones primarias, o por designación directa desde la Secretaría General. Bajo mi punto de vista, el indicador de fiabilidad de todas las elecciones primarias no recaería tanto sobre el índice de participación de la militancia (tan valorada por los medios de comunicación), como una lista final de consenso entre quienes ganaron y quienes perdieron la contienda. Nadie sobra en las organizaciones y menos aún después de unas elecciones primarias. Sería reconfortante poner palabras a los daños acontecidos en dicho proceso, eso sí, con un intervalo de tiempo suficiente para afrontar las tensiones propias de estos procesos de elección; son circunstancias durísimas para la militancia tener que optar, disuadir, o recabar apoyos entre personas de su mismo grupo político, con los que han convivido durante meses, o años. En suma, las elecciones primarias provocan efectos semejantes a unas fallas tectónicas. Sé lo que digo por haberlas vivido en primera persona, dado que yo misma me sometí a sus procedimientos con apariencia racional, pero repletos de prácticas emocionales: pedir el voto con promesas, sortear las lealtades a los anteriores secretarios generales, renunciar a jugar con las expectativas de empleos, por mínimas que estos fueran. Al desmarcarme de semejante intercambio, mi candidatura se vivió con incredulidad. Los sistemas cerrados no aceptan novedades y los interpretan como una amenaza a la estabilidad para aquellos que conocen el tablero de juego. Teóricamente están abiertas a cualquier militante, con ínfimas posibilidades de lograr un buen resultado sin los apoyos del aparato de la organización. La libertad de participar en un proceso donde toda la militancia debe elegir bando es una paradoja: sé libre para mostrar, sin temor a las consecuencias, a quién apoyas. La invitación a la democracia, pero con un alto coste político y personal. Para mejorar las elecciones primarias habría que contar con la mediación de las Comisiones de Ética y Garantías, organismos que dirimen los conflictos internos, solo ellas podrían ejercer un arbitraje reconocido por todos; pero, sobre todo, para restaurar las heridas abiertas de quienes apoyaron a la candidatura perdedora. Convocar unas elecciones primarias, sin salvaguardar el capital social[12], son una bomba expansiva para la organización.

---

[12]   El concepto de capital social es un recurso que precisa de las relaciones sociales. Se trata de una *suma* de intereses para trabajar en un proyecto común;

2. SINDICATOS

Los sindicatos de oficio son el embrión de las antiguas formaciones sindicales, con altísima capacidad de negociación con las distintas Administraciones. Además de los sindicatos autonómicos —como ELA (Eusko Langileen Alkartasuna, fundado en 1911)—, a escala nacional, encontramos la UGT fundada en Barcelona en 1888 en el Primer Congreso Nacional Obrero, mientras que CC. OO, data su origen en la comisión creada en Asturias para convocar una huelga minera, en 1950. El movimiento obrero sindical mantenía el mito de la «reciente incorporación» de las mujeres al trabajo, olvidando a taberneras, vendimiadoras, tabacaleras, costureras... Fueron las historiadoras del mundo laboral[13] las que rescataron el papel de las mujeres sindicalistas. De hecho, se podrían medir los logros de los sindicatos —como en el resto de las organizaciones— a partir de su empeño en democratizar sus estructuras (prefiero definirlo como democracia, en vez de aplicación de perspectiva de género). En 1980 se publicó el primer número de la revista Trabajadora de Comisiones Obreras y se crearon en ambos sindicatos las secretarias de la Mujer, desempeñando un doble papel, ser vigilantes de las políticas laborales internas, además de ofrecer formación a los compañeros, y, por otro lado, ser las portavoces de las discriminaciones de las ciudadanas. Todas ellas albergan luces y sombras en cuanto a su reconocimiento en la organización; me refiero, claro está, a su poder de influencia en sus respectivas ejecutivas sindicales. El tercer sindicato procede de las asociaciones profesionales implicadas en la defensa del funcionariado —así lo reflejan sus objetivos, en 1978—, la Confederación Sindical de funcionarios, llamada en la actualidad Central Sindical Independiente y de Funcionarios (CSIF), que también oferta cursos sobre igualdad, como el resto.

---

esta mutualidad contribuye a reforzar todo tipo de organización. Los autores más significativos son James Coleman y Robert Putnam.

[13]   Sobre este tema, ver Teresa Torns y Carolina Recio (2001). «Las mujeres y el sindicalismo. Avances y retos». *Gaceta Sindical*. Número 16. Madrid.

La libertad de sindicación se encuentra entre los derechos y libertades fundamentales (art. 28 de la Constitución) y, en consecuencia, la negociación colectiva figura también como un derecho constitucional (art. 37.1). Los sindicatos mayoritarios están presentes, gracias al diálogo social, a través de sesiones tripartitas entre Gobierno, sindicatos y empresariado (CEOE, CEPYME). Se trata de un proceso de negociación dirigido para llegar a acuerdos sobre aspectos económicos, jurídicos, fiscales y, por supuesto, laborales. Estos convenios se registran con rango de norma y afectarán a todas las escalas administrativas e instituciones en ayuntamientos, comunidades autónomas o Gobierno central donde sean de aplicación. No obstante, las contradicciones perviven en el recuerdo. Cuando en el año 2005 se discutió la redacción de la LOIEMH con las organizaciones empresariales y sindicales para insistir en la necesidad de promover planes de igualdad, los sindicatos no se comprometieron a aplicar los planes de igualdad en sus propias organizaciones, aunque se sumaron a los acuerdos del Gobierno para regular su obligatoriedad en las empresas. Al principio afectó a las de gran tamaño (250 trabajadores), que, posteriormente, disminuyó hasta las de más de 50 en el último Real Decreto 901/2020.

La importancia de los sindicatos es clave, dado que son los únicos interlocutores habilitados para concertar acuerdos con los gobiernos de las distintas Administraciones en una mesa de negociación, confirman las políticas públicas a escala nacional, autonómica y local. De hecho, no localizaremos nada semejante en la sociedad civil con tales competencias de supervisión a los poderes políticos, las ONGs reducen su participación a los consejos de participación que tiene un carácter consultivo. En cambio, los sindicatos juegan un gran papel en la validación de la organización laboral de todas las instituciones y, por qué no decirlo, los sindicatos también contribuyen a ralentizar los cambios en las organizaciones. Recurriré a un ejemplo sobre la paga de productividad que el funcionariado recibe en el último trimestre del año, una paga extra fijada por estándares. Cuando opté por aplicarla en función del grado de rendimiento entre las personas de mi gabinete, esta pretensión no fue entendida por los sindicatos, porque dicha recompensa estaba adscrita al nivel, al margen del criterio de desempeño. Sería muy interesante, si queremos modernizar las Administraciones, valorar qué baremos habrían de añadirse a los procesos de negociación entre las élites sindicales y las élites políticas que, desgraciadamente, dejan poco margen para introducir cambios en los ejes de la Administración que vimos anteriormente: jerarquía, control y tradición. La misión de todos los sindicatos radica en eliminar todas las cláusulas discriminatorias, pero aquellos estudios que analizaron el papel de los sindicatos en materia de igualdad (Bonino y Aragón, 2003; Sánchez Triguero, 2016) lo desmienten. Son poco conscientes del papel que juegan cuando aprueban los Planes de Igualdad, porque a partir de la eficacia de sus medidas podrían mejorarse las cláusulas de los convenios colectivos, como afirma Luz Martínez Ten. Lo urgente es evitar que derive en un mero trámite periódico y, porque cuando las mujeres sindicalistas reclaman mayor rigor en los acuerdos, ya se las corrige por la cúpula de la organización, más propensa a esforzarse en otras materias. Cuando se ha investigado el grado de conocimiento de los sindicatos sobre las políticas de igualdad, como su incidencia en las mesas de negociación, ésta queda constreñida a las cláusulas sociales, más que las regulativas; a pesar de que ambas son de obligado cumplimiento, las vindicaciones de igualdad prosperan con más fuerza en la mal llamada «conciliación», (mejor corresponsabilidad), es decir, en toda la gama de permisos retribuidos, o no: para el cuidado y atención familiares. Lo curioso es saber que contamos con una entidad encargada de revisar todos los convenios, aunque no siempre se mencione. Se trata de la Comisión Consultiva Nacional de Convenios Colectivos. Una entidad dependiente del Ministerio de Trabajo y Economía Social que supervisa cómo se aplica la legalidad vigente[14]. Sin embargo, resulta de dudosa efectividad en cuanto a saber cómo se

---

[14] Ley Orgánica para la Igualdad Efectiva de Mujeres y Hombres, 3/2007 (art. 46.2) y las sucesivas normas: Real Decreto-ley 6/2019, de 7 de marzo, y Real Decreto 901/2020, de 13 de octubre, que afectaba a plantillas de empresas, las de gran tamaño, 250 personas, para terminar entre 99 y 50 personas.

refleja la legislación en materia de igualdad: discriminación por razón de sexo, desigualdad salarial, vulneración de los protocolos de acoso sexual o cumplimiento de planes de igualdad. La actividad de esta Comisión Consultiva estudia las sucesivas reformas laborales y cuenta con un registro, REGCON (Registro y Depósito de Convenios Colectivos, Acuerdos Colectivos de Trabajo y Planes de Igualdad); además en su formato web figuran las empresas que, por CC. AA. ¿Deberíamos estar de enhorabuena? Pues la verdad es que sin saber nada del grado de cumplimiento de los objetivos de los convenios, de nada sirve una lista de nombres en soporte Excel.

En el proceso de firmar un convenio intervienen más factores que las personas presentes en la mesa de negociación. Primero, interesa saber cómo se regula la representación (comité de empresa, sección sindical, comités intercentros, entre otros), porque todas las cabezas visibles son varones, excepto si se negocia una materia «femenina». Segundo, interesa conocer cómo se supervisan las competencias de la Comisión de Seguimiento de los convenios laborales. Tercero, qué papel juega la Inspección de Trabajo y Seguridad Social, a escala nacional o territorial. Sus informes anuales son una buena fuente de información, como lo son los Planes Estratégicos la Inspección de Trabajo y Seguridad Social, el último 2021-2023, en cuanto a la aplicación de planes de igualdad. Los cuales se centran en el registro salarial, la igualdad retributiva, o la necesidad de una auditoria (R. D. 902/2020). Los organismos de igualdad y, por supuesto, el Servicio Público de Empleo, deberían prestar más atención a los datos de la memoria anual de la Inspección de Trabajo y Seguridad Social[15] que nos ofrece estadísticas fiables sobre el grado de discriminación por razón de sexo en el ámbito laboral.

En el ámbito de la negociación tenemos otras entidades como la Confederación Española de la Pequeña y Mediana Empresa (CEPYME). Son organizaciones que aún están pendientes de

---

[15]   Memoria anual del año 2020: https://www.mites.gob.es/itss/ITSS/ITSS_Descargas/Que_hacemos/Memorias/Memoria_2020.pdf

incorporar innovaciones de negocio, como son las startups[16], o los nuevos yacimientos digitales de empleo. Por ello, aunque no gestionen directamente los convenios, las Cámaras de Comercio tienen un gran impacto en la cultura empresarial de su territorio y, si pensamos en el creciente número de mujeres autónomas[17], bien podríamos sorprendernos de sus criterios de composición, tradicionales y masculinizados. El pleno de la Cámara de Comercio de España así lo demuestra. Como en el resto de las cámaras autonómicas, la composición de sus representantes es netamente masculina, con dos excepciones, Castilla-La Mancha y Barcelona. Las cámaras de comercio inciden en la cultura empresarial, sin obviar los importantes recursos tangibles e intangibles que gestionan, así como su proyección industrial además de un protagonismo constante, dado que son requeridas para la mediación entre redes de exportación con el conjunto de Administraciones Públicas.

3.   EL ÁMBITO POLÍTICO

3.1.   La agenda y los medios de comunicación

Las redes sociales, los boletines de prensa, son el barómetro del impacto de la acción de gobierno, la agenda mediática representa el momento cumbre de la visibilidad política. Un clásico de esta materia, Walter Lippmann, señaló cómo los medios condicionan nuestro mundo cognitivo a través de unos relatos —ficciones— con los que interpretamos la realidad. Cuando los partidos políticos buscan

---

[16]   Su nombre responde a una idea ligada a una empresa innovadora compuesta de un pequeño equipo, apoyada en nuevas tecnologías y en su capacidad para la detección de necesidades del mercado. Su financiación es reducida, en comparación con otros negocios, y añaden una especificidad más, la figura de los *Business Angels*, mecenas que respaldan la idea.

[17]   En 2023 las emprendedoras aumentaron un 2,6 %. Los varones lo hicieron un 1,2 %. En la última década el crecimiento de autónomos en España es femenino. Las mujeres autónomas crecen un 4,8 % y los varones descienden un 9,1 %. Según datos de ATA (Asociación del Trabajo Autónomo).

las mejores condiciones y el mejor formato para comunicar sus proyectos, estamos ante una modalidad de comunicación política, la denominada *Setting Agenda*, volcada en construir mensajes que impacten en la opinión pública. En los tiempos actuales se recurre a las redes sociales (soportando *haters* y *fake news*) para conectar con la ciudadanía. El espectáculo y la política se han vuelto indisociables; incluso ahora mismo es posible la bilocación, o estar en dos lugares a la vez, gracias a la inteligencia artificial. En 2018 el candidato francés Jean-Luc Mélenchon daba un mitin en Lyon, mientras su holograma se proyectaba en otra ciudad. Un nuevo laboratorio visual donde todo el mundo observa y es observado; un capitalismo de vigilancia, como lo define Shoshana Zubof. Sin embargo, en lo que respecta a las políticas de igualdad jugamos con desventaja, debido a un gran segmento de mujeres maduras son renuentes a las nuevas formas de conectividad —Facebook es la plataforma más usada por las mujeres a partir de 50 años—. La brecha digital de género, que tanto estudia Cecilia Castaño, se ha convertido en un problema para la difusión de las políticas públicas, más allá los temas urgentes, como la violencia de género en el plano nacional o internacional, es complicado seguir la agenda de igualdad.

Coincidiremos en que una comunicación fluida de las Administraciones es decisiva para explicar el cometido de las políticas públicas. La mayoría de las veces cada grupo de medios de comunicación ofrece su particular versión sobre la acción política, se trata de divulgar los logros conseguidos, pero sin los medios de comunicación no hay difusión. Es evidente que la forma de concesión de licencias a los medios, así como la presencia de las élites políticas en sus consejos de administración, no contribuyen a una saludable imparcialidad informativa[18]. Nos asombraría saber el grado de financiación de los poderes públicos a los medios de comunicación, especialmente en los ámbitos locales y autonómicos.

---

[18] La Comisión Europea aprobó la Ley Europea de Libertad de los Medios de Comunicación para asegurar la independencia y pluralidad, dando a conocer los grupos financieros que los sostienen (septiembre, 2022).

Lo que resulta indiscutible es el enorme impacto de los medios en la acción de gobierno. Me explicaré: ya en la VIII legislatura las portadas de los rotativos representaban una suerte de ojo panóptico[19] y, ante una áspera crítica a la agenda política, se nos emplazaba, desde la Vicepresidencia, a elaborar extensos informes para contrarrestar lo publicado, un aguijón que rompía el trabajo diario para poner a todos los ministerios a redactar interminables catálogos de medidas (cien, doscientas, cuanto más mejor) equiparando cantidad con calidad.

El empeño de todo cargo público debería centrarse más en exponer nuestro trabajo, que en contestar al rival político. Explicarse es la mejor estrategia para tratar a la ciudadanía como adulta, la estrategia más sólida ante portadas o redes sociales cuando cuestionan nuestro trabajo. Pero ello significa aceptar la invitación de los medios, sin distinciones ideológicas. Y, con la misma lógica, contestar preguntas en las ruedas de prensa (durísimas, lo reconozco) indica una buena aptitud, un salvoconducto político; la rendición de cuentas es una obligación de los cargos electos, no un favor administrado dependiendo de los contenidos informativos. Al fin y al cabo, como me dijo un ministro de Economía, las críticas son los complementos salariales de nuestra nómina. Recuerdo la primera pregunta de un famoso periodista en una emisora nacional: «¿Cómo es posible que sigan asesinando a mujeres?» En el año 2007, las emisoras de radio carecían de una programación con temas de igualdad —el verdadero antídoto contra la violencia— tampoco se invitaba a expertas de las distintas ramas del saber, ni juristas, economistas, conseguían ser protagonistas en las ondas. Es fácil discernir entre un periodismo que alimenta el ego de quien pregunta y aquel que se compromete en saber más del fenómeno de los malos tratos, para colaborar en su erradicación.

---

[19]   A finales del siglo XVIII, Jeremy Bentham ideó un proyecto arquitectónico en el sistema punitivo europeo, el panóptico, una estructura circular con una sola vigilancia en el centro. Desde las celdas, colocadas radialmente, los presos veían cómo eran observados y ello bastaba para experimentar el temor de ser reprendidos.

Para mí los encuentros con la prensa eran una suerte de examen final, porque quienes preguntaban lo hacían con gran agudeza. Tuve el privilegio de aprender de las dudas que me formularon las redactoras de igualdad de distintos medios, porque a través de sus objeciones se podían adivinar los puntos débiles de nuestra gestión. Todavía conservo cuatro dosieres con notas de prensa sobre las dos leyes que, de no haberse difundido, hubieran sido pasto del reduccionismo de quienes las cuestionaban. En cambio, durante mi segunda experiencia en el Gobierno (2018-2020), la agenda de igualdad solo pudo ser difundida por la ministra y vicepresidenta primera, que, por las competencias de su rango, era interpelada sobre el conjunto de los ministerios, por lo que siempre aquellos asuntos más candentes que los programas de igualdad, pasaban al primer plano de interés. Temas claves se quedaron inmersos en el trámite legislativo, no los difundimos a pesar de su importancia: el Pacto de Estado contra la Violencia de Género, la novedosa regulación del título habilitante para acreditar situaciones de maltrato, así como el significativo Real Decreto-ley que permitía que los menores pudieran acudir a la consulta psicológica sin el permiso de aquel progenitor que esté en prisión[20]. O la ampliación del conocido permiso de paternidad, que entraría en vigor en enero 2021, aunque se reguló dos años antes (Real Decreto-ley 6/2019). Todos estos temas quedaron en la sombra ante la agenda de la Presidencia del Gobierno, partidaria de un perfil muy bajo en la aparición pública de los cargos públicos. Una apelación a la prudencia, difícil de entender.

Los gabinetes de Comunicación de los partidos políticos están volcados en aumentar la empatía de sus líderes. Arias Maldonado investigó la tipología de los estados modernos, acuñando el término, «democracia sentimental» para la cual, las emociones marcan el

---

[20] Real Decreto-ley 9/2018, que modificó el artículo 156 del Código Civil por el cual los menores expuestos a violencia de género no precisan del consentimiento del progenitor condenado, el cual solo será informado de la demanda psicológica del menor.

contenido de la conversación pública, mientras que los hechos (por ejemplo, el número de votos) carecen de la capacidad de convencer, frente a la interpretación personal de lo ocurrido (el relato político). La subjetividad es la materia prima para movilizar a la opinión pública, ante la cual repetir mensajes individualizados e íntimos, es una estrategia de comunicación preferente; por ello, se invierte mucho dinero en diseñar impactos con alto grado emocional. Un ejemplo extremo: el concepto daños colaterales surgió durante la guerra del Golfo en 1991, un simulacro semántico para camuflar a las víctimas civiles como si fuera un lamentable error militar. Nuestro presente ha difundido la posverdad, o dicho claramente, la creación de mentiras, porque todo vale para inclinar la balanza a favor de una posición política. Seguir las tendencias de voto se ha erigido en prioritario para los distintos gobiernos y la demoscopia es el oráculo de los gabinetes de Comunicación. El CIS (Centro de Investigaciones Sociológicas) se ha especializado, casi en exclusiva, en mostrar las tendencias de voto desde 2018. ¿Quién ganaría si hoy hubiese elecciones? es el eje del organismo público. En la XIII legislatura (2018-2020), y desde el Ministerio de Igualdad, se insistió en aprovechar su vasta estructura estadística para introducir preguntas sobre violencia de género, políticas activas de empleo u otras. Ninguna de estas sugerencias tiene tanto eco, dado el interés del poder ejecutivo, como la intención de voto; la conocida como la «democracia de audiencia», como la estudió Bernard Manin[21].

3.2. La tortuosa comunicación institucional

Una de las inercias más comunes de los cargos públicos la encontramos en el hábito de tomar decisiones desde arriba; se tienen reuniones que ganarían en eficacia si se realizarán junto al personal técnico, pero los rangos administrativos mandan sobre la sensatez y,

---

[21]   Manin, BERNARD. *Los principios del gobierno representativo*. Madrid: Alianza, 1999.

a pesar de la necesaria complicidad que requerimos de la plantilla, pocas veces se les convoca. ¿La justificación? Custodiar material sensible, de poner en la casilla de seguridad casi toda la documentación sería de carácter confidencial; este modo de proceder provoca un aislamiento innecesario. Me explicare, si compartimos la agenda política con el personal técnico, si establecemos alianzas, las políticas públicas serán más solventes y creíbles porque su desarrollo e implementación no dependen de un despacho con moqueta. Concibo la implicación de quienes trabajan conmigo —no para mí— como una fórmula egoísta; representa mucho más que un estilo de liderazgo, porque dada la complejidad de las Administraciones resulta imposible orientarse sin retener, en un nuevo periodo de gobierno, a quienes ya formaban parte de la de la plantilla anterior.

Los episodios más temidos de todo cargo de responsabilidad se dan en aquellas situaciones donde el reproche se erige como la única moneda de cambio. Ya no se pide confraternizar, sino respetar. Ni el volumen de trabajo ni la presión diaria desgastan tanto como una comunicación intransigente. Contamos con medidas sobre el acoso sexual y contra el acoso por razón de sexo en la Administración Pública. Sin embargo, no hay dónde guarecerse en las instituciones respecto a las formas groseras de dirigirse a una persona de menor nivel, e incluso del mismo rango. Cargos públicos, o direcciones de área, de servicio, de sección, serán inmunes para cambiar sus modos de actuar, ¿para qué van a esforzarse si su reputación está a salvo?, dado que su carácter no se identifica con un abuso laboral, sino como incorregible por exceso de responsabilidad. Carecemos de estructuras que garanticen el buen trato en las organizaciones políticas y, por si fuera poco, no existen estimaciones objetivas sobre los costes económicos que representa el abuso de poder, salvo si se traducen en bajas laborales. He padecido a cargos públicos con una gran soberbia —no solo en el área de igualdad , disfrutando de un alto grado de impunidad en el interior del Gobierno, provistos de una imagen pública muy positiva, sin que la opinión pública pudiera adivinar un tiburón blanco bajo su piel. No hay jaula capaz de evitar su mordedura. Semejante extralimitación de funciones desvela un sistema institucional incapaz de neutralizar narcisismos políticos, y quien agrede apelará a su vínculo con el líder del partido. Un escudo de acero que le reportará una dosis extra de tolerancia. Cualquiera que haya formado parte de un organismo público, tanto en su plantilla técnica como en su élite, sabe de casos directos, o indirectos, sobre los efectos del acoso moral (Marie Hirigoyen). Ejercer un cargo de responsabilidad, a cualquier escala, representa un ritmo endiablado de trabajo, con multitud de frentes abiertos. Una comunicación interna que justifique las extralimitaciones desvelaría las verdaderas razones de muchas dimisiones que han alegado «motivos de salud», el último gesto para salvaguardar la imagen de una organización política, parca en rituales de despedida.

Otro problema pendiente estriba en imitar los modos de comunicación habituales de los partidos políticos en las Administraciones Públicas. Se trata de un estilo relacional propio de las ejecutivas del partido: el líder comienza con un discurso aleccionador, cuyo uso excesivo de la palabra deja poco tiempo para las réplicas, mientras se busca el asentimiento. Irremediables defectos en las sesiones internas de todas las Administraciones: comisiones municipales, observatorios, consejos de la Ciudadanía donde las formalidades se imponen frente a un rico intercambio de ideas, o bien a la mutualidad de intereses que representa una agenda de trabajo transversal. Reconozco que mis primeras experiencias fueron magníficas, con agiles reuniones convocadas por el secretario de Estado de Relaciones con las Cortes, o con el ministro de Justicia, para ultimar la redacción de la ley de Violencia de Género. Un aprendizaje de doble dirección, explicando en qué consisten las políticas de igualdad por nuestra parte, más todas las aportaciones técnicas del resto de órganos del Gobierno. Días donde la transversalidad se hizo patente en cada discusión, perfilando la redacción de artículos de la ley de Igualdad. A tan estimulante trabajo se sumaron las propuestas de las asociaciones de mujeres. Desde mi cargo más reciente, he de reconocer que la VIII legislatura (2004-2008) fue un referente de comunicación fluida, una prueba más de cómo la voluntad política es capaz de encontrar motivos para razonar juntos, sociedad civil y Gobierno, bajo el impulso de leyes orgánicas.

4. CUOTAS Y REPRESENTACIÓN

En sentido ideal del término, como un espacio donde examinar la acción de gobierno, se concentra en el debate del Estado de la Nación, celebrado anualmente en el Congreso de los Diputados. Es mucho más que una conversación pública sobre el cumplimiento de sus políticas públicas, que son nuestros principales bienes (solidarity goods): la sostenibilidad de las pensiones, la recuperación de una sanidad pública, los estímulos a la contratación para jóvenes, o la transición ecológica, es un buen escaparate sobre las relaciones entre partidos políticos, sobre cómo fijan sus prioridades: su agenda electoral o el bien común. En este escenario de presentación de credenciales, me preocupa la identificación de las mujeres subrayando los problemas que padecen, cuando representan el principal recurso de atención, como se evidenció durante la pandemia[22], una jornada familiar intensiva por el teletrabajo, haciéndose cargo en primera persona de la dedicación a unos menores confinados...Por ello resulta intolerable que persistan espacios con «derechos de admisión»: consejos de administración, las reales academias (todas financiadas con dinero público) o entidades del Tercer Sector, con una infraestructura feminizada, pero con una dirección masculinizada: Amnistía, Cáritas, ONCE o Cruz Roja. Es evidente, que más que hablar del número de mujeres, recurriendo a una vieja contabilidad, habrá que insistir en democratizar el espacio público. Es decir, diseñar políticas públicas con una perspectiva universal, contando también con arquitectas, sociólogas, geógrafas, trabajadoras sociales, médicas, para conformar un saber colectivo carente de sesgos. La invisibilidad trae consigo la inseguridad. No en vano, el síndrome de la impostora[23] se refiere a las dudas —en

----

[22] La pandemia ha puesto de manifiesto el peso de las profesiones feminizadas: en sanidad, 51 % médicas, 79 % auxiliares clínicas, 71 % al frente de las farmacias y un 89 % de limpiadoras (Instituto de las Mujeres, 2022)

[23] Elizabeth Cadoche y Anna de Montarlot estudiaron la sensación de fraude que experimentan competentes mujeres que renuncian a puestos de decisión. Yo lo

femenino— que experimentan muchas profesionales a la hora de aceptar puestos de máxima responsabilidad, frente a quienes desconocen preocupaciones sobre su rendimiento, siempre seguros de poder afrontar cualquier reto profesional.

Ante un escenario de incertidumbres y vacilaciones, surgió la necesidad de impulsar acciones positivas —o cuotas— que en los partidos políticos fue gracias al coraje de un grupo de mujeres militantes. Recurrieron a su influencia personal sobre los barones del PSOE, esposas, hermanas o amigas, vínculos afectivos para desbloquear los privilegios. Ellas fueron pioneras en quebrar las normas, dispuestas a forzar a la magnanimidad de aquellos que concebían el partido como un espacio acotado. Fue en 1988, tras una agotadora discusión en la comisión denominada «El papel del partido. Partido y sociedad», cuando se aprobó una cuota mínima de un 25 % de mujeres en los órganos de dirección del partido y, por supuesto, en la confección de las listas electorales, que se incrementaron a un 33 % en 1994. Se quebró el derecho de admisión en la toma de decisiones, dado que el número de militantes alcanzaba, en los años ochenta, la cifra de 34.000. A pesar de la ideología progresista de las siglas, hubo recelos; los mismos que, 32 años después, se vertieron sobre la ley de Igualdad a propósito de candidatas a alcaldías. «¿De dónde vais a sacar tantas mujeres?», nos preguntaban; se olvidaban de que la presencia de las mujeres en corporaciones locales data de principios de los años veinte del siglo pasado, gracias al político maurista José Calvo Sotelo, quien buscaba liberar del caciquismo a los ayuntamientos, encomendando su gestión a las ciudadanas, como recuerda la historiadora Gloria Nielfa.

Las cuotas son parte de las acciones positivas y su aplicación tendrá carácter temporal, puesto que se utilizan solo mientras existan las discriminaciones que justifican su aplicación (art. 13,

---

hubiera llamado el *síndrome de la pionera*, para entender la inseguridad de ser la primera en afrontar proyectos de gran envergadura. Las convenciones sociales son decisivas a la hora asumir el éxito. La científica Elena García Armada, creadora del exoesqueleto biónico para menores con atrofia muscular, declaró sentirse insegura.

Ley 3/2007). Sin embargo, están acompañadas de polémica en el caso de extender los derechos políticos de las mujeres. En cambio, ante otras desigualdades —raza, discapacidad, edad, etcétera— las cuotas se aceptan sin rechistar. La ley de Igualdad fue un banco de pruebas, en este sentido, al modificar la ley orgánica del Régimen Electoral General (L. O. 5/1985) para obligar a una confección de listas con una presencia equilibrada entre mujeres y hombres en los cinco primeros puestos. Se reguló en porcentajes equivalentes, ni menos de 40 % ni más de 60 % entre mujeres y hombres. El Partido Popular recurrió la norma ante el Tribunal Constitucional, aduciendo que la paridad atentaba contra la libertad de los partidos políticos en su potestad de confeccionar listas electorales, además de calificar de extravagancia la proporcionalidad de hombres y mujeres, porque de ser así habría que introducir a otros «colectivos»: personas con discapacidad, jóvenes, etcétera. Ni ahora, ni antes, parecían servir los datos demográficos del año 2007, en el cual las mujeres constituían la mayoría de la población. Si el argumento les desautorizaba, entonces aludían al «problema» de la maternidad[24]; en suma, el catálogo de inconvenientes, tan femeninos, que restan la capacidad de comprometerse con la actividad política. Drude Dahlerup nos despeja el camino: cuando el sistema de listas no atiende al criterio de libertad, sino las marcas de poder durante el proceso de cooptación, estamos ante un sesgo de partido. Es preciso recordar que la intención del legislador era escapar a la aritmética de cuotas, para aplicar el principio de proporcionalidad entre hombres y mujeres; pero la práctica cicatera de los

---

[24] El número de hijos es de 1,3; se necesitaría elevarlo a 2,5 para sostener el sistema de pensiones (Informe *España 2050. Fundamentos y propuestas para una Estrategia Nacional de Largo Plazo*, https://www.lamoncloa.gob.es/presidente/actividades/Documents/2021/200521-Estrategia_Espana_2050.pdf). La edad de maternidad en nuestro país alcanza los 31,5 años, aunque las madres de 40 años superan a las de 25 (2021). Una técnica de fertilidad, a la espera de una decisión por motivos de salud, o por falta de corresponsabilidad, es la congelación de óvulos fecundados (criopresevación de embriones). Para consultar la edad de maternidad por provincia, ver las series anuales del INE

partidos políticos desfiguró la regla de la presencia equilibrada, reservando el menor porcentaje para las mujeres. De hecho, la Unión Interparlamentaria, una agencia de Naciones Unidas, que mide el índice de presencia política de las mujeres, contabiliza una cuota del 40 % para España.

Las cuotas son eficaces herramientas que garantizan un sufragio activo: ser parte del poder constituido (las mujeres como electoras) y del poder constituyente (ser elegibles). Las mujeres alcanzan el 50,71 % de la población (INE, diciembre 2023). Si la búsqueda de mayorías es una medida legítima a la hora de conformar futuros gobiernos de los parlamentos regionales, corporaciones locales, etc., en cambio en términos demográficos siempre se cuestiona. La pregunta sería: ¿si las mayorías políticas añaden legitimidad, por qué la mayoría de la población carece de significado político? Este criterio, tanto en los nombramientos efectuados por los Consejos de ministros, como por los consejos de administración de las empresas que cotizan en Bolsa, órganos directivos de las fundaciones o de las agencias estatales; en suma, todo un codiciado número de entidades, cuyos nombramientos dependen de las Administraciones Públicas, bajo las reglas de una economía de trueque de favores.

4.1. La interpretación partidista de la paridad

Michel Crozier sostenía que la burocracia era un sistema incapaz de corregir sus propios errores. Podríamos decir lo mismo respecto al sistema de partidos en las modernas democracias. Su toma de decisiones no siempre son entendidas por la ciudadanía; de hecho, la opinión pública carece de una información que les habilite para ejercer una vigilancia, por ejemplo sobre los criterios utilizados para la confección de listas electorales. Cuando modificamos la Ley Orgánica del Régimen Electoral para impulsar la paridad, vivíamos en un escenario que pedía a gritos una revisión, dada la ausencia de las militantes de los partidos en los primeros puestos de las listas electorales. Teníamos antecedentes: ya en 1992 se celebró la Primera Cumbre Europea de «Mujeres en el Poder», en la que participaron ministras y exministras europeas que, desde su experiencia política, denunciaron los obstáculos de participación en la vida pública y acordaron la conocida, como Declaración de Atenas. A raíz de este evento surgió el concepto de «democracia paritaria», o dicho claramente, que el 50 % de la población disfrutara de los mismos derechos que el resto para ejercer la representación política. Vindicar la igualdad para optar a cargos públicos ha sido un tema clave, también para la filósofa americana Nancy Fraser, quien acuñó la expresión democracia radical, aludiendo al grado de calidad democrática de los países, como para otros analistas que ligan la paridad a las garantías de justicia, como nos recuerda la magistrada María Luisa Balaguer. Fue una gran decisión cambiar la ley electoral (LOIHM) para estipular nuevos derechos; se trataba de apostar por un grado de imparcialidad de las élites políticas, obligar a los partidos —más que depender de sensibilidades— a elaborar unas listas electorales libres de prejuicios. Sin embargo, el poder es duro como una piedra y su mejor estrategia se basa en aceptar las reglas, pero diluyendo su aplicación.

En nuestro país la ley orgánica Electoral sigue el procedimiento del belga Víctor D'Hondt, (1841-1901), quien ideo la distribución de escaños de manera proporcional aplicando una fórmula matemática pensada para evitar una excesiva fragmentación. Así se aplicó en el primer periodo democrático actual (Real Decreto-ley 20/1977). Para que veamos la importancia de la confección de listas, solo podrán ser elegidos quienes alcancen un 5 % del voto total emitido en cada demarcación, como en el caso de elecciones municipales, y de un 3% y un 5% dependiendo de cada comunidad autónomas; la pluralidad estuvo presente en las elecciones de 2019, con 20 partidos, o plataformas ciudadanas. En nuestro sistema electoral cada provincia es la circunscripción electoral, con un sistema proporcional; de ahí la disputa en la designación de nombres para ocupar los primeros puestos de las listas cerradas. En suma se votan las siglas, excepto en el Senado, cuyo orden puede alterarse al señalar con una cruz las casillas que indican cada nombre propio.

La justificación de las listas bloqueadas se fundamenta en querer garantizar la unanimidad política, dado que los parlamentos necesitan mayorías estables para aprobar sus proyectos de ley. A pesar de estas razones, las preferencias electorales de la ciudadanía coexisten con el absoluto desconocimiento de quienes van a representar sus intereses; es el coto vedado de los partidos políticos, los únicos responsables de elegir la posición de aquellos puestos con mayor índice de probabilidades de salir. En las antípodas tenemos el modelo inglés de listas abiertas, en el que el éxito de sus candidaturas responderá a un trabajo previo en cada demarcación electoral, porque su número de votos responderá a su incidencia pública, a su trabajo diario; para sus detractores este método corre el riesgo de generar redes clientelares por parte de aquellos representantes políticos que buscan asegurar su reelección. Aunque, también es cierto que incentiva una sana competencia entre candidaturas y, por encima de todo, evita la economía de libre intercambio que genera el poder absoluto de las élites políticas; porque en las listas cerradas son los cargos orgánicos quienes dirigen el proceso de nominación, además de provocar otro tipo de clientelismo: la adhesión explícita al líder.

Repartir de manera equilibrada el poder político es el mejor indicador para calibrar la madurez democrática de un país y una ley de Paridad (anunciada en 2024) será bienvenida para corregir las discriminaciones o, mejor dicho, la apropiación indebida de privilegios.

GOBERNANZA. ASOCIACIONES Y PARTICIPACIÓN

> Las capacidades civiles solo se ponen en marcha
> cuando la ciudadanía es demandada para participar en
> la toma de decisiones políticas.
> Carol Pateman. Participation and Democratic
> Theory 1970.

- La importancia de la *cultura política* que facilite la participación.
- La gobernanza, o la coordinación, entre la función pública y la sociedad civil.
- Las reglas de interlocución: entendimiento y derecho a la discrepancia.
- Las ventajas de la consulta ciudadana: aumentar la eficiencia del poder político.
- Las asociaciones de mujeres y su relación con la función pública.
- Las Administraciones y los Consejos de la Mujer.

1. LO MÁS DIFÍCIL: COORDINAR

La gobernanza es un término con múltiples definiciones. Se trata de una aptitud política por parte de los gobiernos para buscar la interlocución entre varios actores: sector público y privado, responsables políticos y sociedad civil (Jan Koiiman). El propósito de la gobernanza es tomar decisiones de forma más abierta y menos jerárquica. Digamos que es una fórmula alternativa a los modelos tradicionales de gobernar, propio de una política liberal, cuyas élites tomaban decisiones para la ciudadanía, pero sin la ciudadanía. Un ejemplo de gobernanza se plasma en las alianzas de colaboración entre el Gobierno central y otras comunidades autónomas (gobernanza multinivel), y a una escala más pequeña entre las distintas Administraciones ubicadas en una misma comunidad autónoma. Es todo un malabarismo conseguir abordar proyectos comunes cuando se ostentan siglas políticas distintas[1]. Un Buen Gobierno —así se llama esta categoría de análisis— implica gestionar la vida pública desde la óptica de los derechos y de la transparencia en la definición de su gestión[2]. Siempre es costoso para los cargos electos abrir un proceso de deliberación, pero eso precisa no dimitir de su responsabilidad a la hora de incentivar la participación ciudadana. Es fácil reconocer la tensión entre las instituciones y la sociedad civil, la desconfianza siempre está presente, pero a cambio de este malestar, las instituciones públicas ganan mayor credibilidad (Joseph, M. Basette). De lo contrario, si la ciudadanía no fiscaliza las decisiones, se desfigura la acción política.

Ya en los años setenta, Juan Linz se preguntó sobre la quiebra de las democracias por aquellos movimientos totalitarios —nazismo y franquismo— que gozaron de una sorprendente adhesión por parte de sus respectivas sociedades. Con cultura política queremos decir los lenguajes y las percepciones con los que la sociedad valora la vida pública. Sin una ciudadanía informada sobre el funcionamiento de las instituciones es imposible mantener las condiciones democráticas de un país. La Ley 50/1997, ya modulaba cómo ha de ser el Gobierno en su artículo 26; es decir, el papel que debía jugar la sociedad civil. De hecho, las elecciones municipales de 1999

---

[1]   La colaboración, coordinación y cooperación entre Administraciones Públicas se desarrolla en el artículo 3 de la Ley 40/2015, de Régimen Jurídico del Sector Público.

[2]   Desde el año 2006, la revista *The Economist* elabora un índice de calidad democrática por países.

crearían fórmulas de participación ciudadana tan exigentes, como innovadoras. Pero el mundo ha cambiado radicalmente en el siglo XXI: la movilidad geográfica es imparable debido a la flexibilidad en el empleo, o se eligen empadronamientos más por motivos de la ubicación de los colegios que por ser el domicilio habitual; sin olvidarnos de nuevas categorías laborales, los nómadas digitales, para quienes su ocupación escapa a todo criterio residencial. Internet impone un nuevo territorio gracias a las webs institucionales (Ley 40/2015), que facilitan la consulta pública telemática[3], una vía que cada vez más se convierte en el único método de acceso a la Administración.

No basta con los consejos ciudadanos para rotular la participación. Convocar sesiones para conocer en profundidad un problema es una muestra de inteligencia institucional. Por ejemplo, en una ciudad como Madrid cuando se decide por la corporación local cerrar el acceso a los grandes parques durante una ola de calor, se hace sin contrastar sus protocolos de seguridad con profesionales expertos en medio ambiente. La unilateralidad en la toma de decisiones evita que las administraciones planifiquen medidas en una mesa de despacho. Un ejemplo más, esta vez desde una Comunidad Autónoma, Castilla y León. Para cobrar el Ingreso Mínimo Vital era preciso acudir a las oficinas de la Seguridad Social, cuyas sedes administrativas se encuentran en las nueve capitales provinciales, lo cual ya es un problema debido a la escasa infraestructura de transporte en una región tan extensa y con tan baja densidad de población. A escala nacional, el cobro del IMV obligaba al uso de internet para acceder a una prestación destinada a personas en situación de exclusión social, ¿desde cuándo estos colectivos son usuarios digitales? De esta manera se programó una propuesta fallida y sin saber aprovechar la red existente de

---

[3] El Portal de la Transparencia, creado por la Ley 19/2013, incluye la pestaña «Gobierno Abierto», donde muestra canales de participación ciudadana, así como remite al teléfono 060 que informa de todos los trámites de la Administración General del Estado.

servicios sociales (implantados en todo el territorio). Claro, que de haber sido eficaces y añadir competencias, era preciso reforzar la plantilla; A día de hoy, las trabajadoras sociales siguen orientando sobre la tramitación del IMV, dado que son las únicas capaces de entender el proceloso mundo de las compatibilidades estatales y autonómicas. De haber existido una previa interlocución entre el Gobierno central y estas profesionales, no hubiera sido un fracaso el acceso a la prestación.

Añadiré otro caso, esta vez en positivo, sobre la decisión de convocar a quienes serían responsables de aplicar la Ley Orgánica 1/2004. Me refiero a los operadores jurídicos, profesionales de la salud, de los cuerpos y fuerzas de seguridad, colegios de Medicina, Psicología y Abogacía. Sus disquisiciones y sus críticas, porque las hubo y contundentes, saltaron a la prensa, logrando un gran impacto social, pero gracias a ello, la violencia machista estuvo presente en la conversación pública. Soy consciente que toda polémica es una invitación al debate ciudadano y, precisamente por ser controvertido, es capaz de difundir los contenidos de las leyes (el legislativo aprueba normas sin que las conozca la opinión pública). En el caso de la violencia, pasó de ser un asunto privado, por el mandato letal de «no injerencia» en asuntos de pareja, para formar parte del interés general. Todo el Ministerio de Trabajo y Asuntos Sociales estaba volcado en su aprobación, como lo estuvieron diputadas y senadoras en las Cortes Generales; recordábamos las raquíticas manifestaciones cada 25 de noviembre y el asombroso cambio que experimentó la ciudadanía a partir de la promulgación de la ley. En el presente, las concentraciones se han vuelto masivas y todas las instituciones públicas a escala local, autonómica y central organizan actos de repulsa. Contamos con excelentes ejemplos internacionales de diálogos operativos entre autoridades y ciudadanía, sobre todo ante situaciones urgentes, como las negociaciones de paz en países en conflicto, o las Comisiones de la Verdad[4]. O el

---

[4]   Son órganos sin carácter jurisdiccional (no actúan como un juzgado) que junto a autoridades políticas y determinadas ONG buscan esclarecer los hechos,

precedente que fijó, en 2015, la Convención de Belém do Pará a iniciativa de las organizaciones de mujeres donde se acusó, por vez primera, a un Gobierno por su falta de diligencia en la persecución de los feminicidios en México.

2. UNA PROPUESTA DE CRITERIOS DE PARTICIPACIÓN

Curiosamente, el término gobernanza la nombró por primera vez el Banco Mundial en los años noventa. Rápidamente se difundió entre asociaciones, gobiernos, actores nacionales e internacionales y después incorporado a la ciencia política. Traducida a las políticas de igualdad, ONU Mujeres identifica gobernanza con transversalidad:

1. Desde los gobiernos, locales, autonómicos y nacionales se utilizó para democratizar la agenda política al objeto de representar a la mayoría de la población (presupuestos con perspectiva de género), así como en su legislación.

2. Si los gobiernos son los instrumentos esenciales de coordinación entre sociedad civil y función pública, siguiendo el esquema de las mayorías, cabe exigir mayor participación de las mujeres en el diseño de las políticas públicas.

No descubro nada nuevo si afirmo que las políticas de igualdad están expuestas a permanentes dudas sobre su utilidad en la conformación del bien común. Para darles mayor entidad es preciso conocer sus competencias, saber cuáles son sus objetivos, de otra manera parecen prescindibles, o bien, sirven de transacción en la formación de gobiernos de coalición. Debemos innovar, reforzar mejores fórmulas de interlocución, más presenciales que telemáticas: programando jornadas sobre actualidad económica, digital, de empleabilidad, de crisis climática, de presupuestos, de

---

dar voz a las víctimas y señalar a los culpables de violar los derechos humanos en situaciones de conflicto: Ruanda, Colombia, México o Chile, entre otros.

salud, porque la acuciante realidad de la violencia acapara los principales ejes de la agenda política. Aumentar el número de convocatorias con los consejos de Ciudadanía debería ser una prioridad en todos los poderes públicos locales y autonómicos. No pretendo ser ingenua, soy consciente de que los conflictos de intereses están presentes, tanto entre asociaciones como entre las Administraciones; pero toda deliberación necesita reglas que guíen la conversación en un espacio público de trabajo:

1. Definir claramente el tema para que las personas participantes se ciñan al contenido de la reunión y ajusten sus intervenciones al mismo.

2. Aceptar la diferencia de criterio representa un gran esfuerzo, el mismo que evitar la desautorización entre pares (asociaciones). Hay que estar a la altura de los contextos institucionales y dejar que prospere el argumento, frente a las quejas.

3. El cargo público, en el caso de presidir las sesiones, suele ser la diana de las peticiones o de las críticas, en ocasiones exacerbadas y, por supuesto, de las alabanzas buscando el aprecio de la presidencia. Un caldo de cultivo que alimenta un contexto donde medirse mutuamente.

4. El valor de la interlocución soporta mediocridades: Agentes sociales que prefieren acudir a reuniones unilaterales que participar en las comunes, o el repertorio de condicionantes para asistir, vetando nombres o a las asociaciones rivales. El maldito poder de la exclusividad.

5. Cada vez estoy más convencida que resulta más transgresor participar en una comunicación orientada al entendimiento, tantas veces reclamado por Jürgen Habermas (2010), que dejarse seducir por bandos y dilemas.

Por estas razones, podríamos «poner deberes» a las administraciones y las asociaciones.

Para las Administraciones:

- No se trata de tener razón, sino de entender que los poderes políticos ganarían credibilidad, más allá de su resultado electoral (James Bohman), sobre todo si además de sus webs, lograrán descender del vértice de la pirámide regularizando reuniones con ciudadanos y ciudadanas, libres e iguales (Jon Elster).

- Los consejos de Ciudadanía, como órganos de consulta, corrigen los fallos de la ingeniería burocrática, tan volcada en los procedimientos por encima de un buen diagnóstico de situación —del que sí disponen las ONG—, solo porque el hecho de estar en el terreno ya les habilita para presentar las mejores soluciones.

- Las administraciones son las responsables de la falta de deliberación pública, para evitar reproducir un catálogo de reclamaciones, donde cada asociación reitere: «Qué hay de lo mío»; mensaje por excelencia ante los cargos institucionales e incluso ante los grupos de la oposición se les urge con la misma contundencia.

- Es preciso recuperar la participación ciudadana con propuestas para mejorar los procesos de gestión de la función pública y, por otro lado, valorar el papel que juegan las asociaciones para cubrir servicios básicos allí donde la Administración no llega, por horarios, o por falta de interés. En estos procesos se crea una comunidad solidaria, como la nombró Michael Sandel, se trata de un trabajo asociativo con pluralidad de voces y vindicaciones.

- La Administración pública no siempre cumple con los calendarios de convocatorias y transferencias en las subvenciones; que se justifica por motivos de ajuste presupuestario. Otro problema radica en la diferencia entre la cantidad aprobada inicialmente y la recibida por las asociaciones, lo que representa un problema de liquidez para afrontar sus costes fijos: local, servicios tecnológicos, e incluso el personal contratado. Al no recibir la cuantía aprobada en los plazos debidos, su viabilidad se ve seriamente comprometida, o son condenadas al cierre. De esta manera van ganando terrero las entidades de gran tamaño, concretamente las del Tercer Sector de Acción Social, (Fundaciones, Cruz Roja y Cáritas, ONCE, entre otras), sólidas y sin incertidumbres financieras.

Para las Asociaciones:

- Un hecho preocupante es la ausencia de alianzas estratégicas entre diferentes asociaciones. Me temo que las veces que los poderes políticos han delegado la composición de los consejos a una elección interna entre las participantes, un proceso que ha traído consigo durísimos desacuerdos, porque es más fácil emitir elogios a los cargos públicos, que reconocer el trabajo entre las iguales.

- Los consejos se caracterizan por una estructura radial, es decir, cada una de las asociaciones busca una relación particular con las autoridades políticas de las instituciones y, recíprocamente, quien preside los consejos también singulariza su relación con las ONG participantes. Unas caen mejor que otras. A mí me producía mucha seguridad aquellas posiciones que contradecían nuestras políticas, porque siempre anticipaban cuáles iban a ser las interpelaciones en Cortes Generales.

- Contamos con excelentes modelos de vindicación colectiva, me refiero al acontecimiento del año 2014, el Tren de la Libertad fue un ejemplo de una convocatoria ciudadana por la defensa de los derechos sexuales y reproductivos, cuya masiva participación provocó la dimisión del propio ministro de Justicia.

- Conocer con más detalle los procesos burocráticos, que ralentizan toda decisión política, permitiría entender a las ONGs la imposible intervención sobre los plazos de tramitación de una ley, desde su aprobación en el Consejo de

Ministros hasta su publicación en el BOE. Ocurre lo mismo en todo el desarrollo reglamentario (órdenes ministeriales, reales decretos).

- Las asociaciones deberían adaptar sus propuestas a las nuevas demandas de las Administraciones. Además, si presentan proyectos experimentales, innovadores, podrían influir en la modernización de la función pública, donde ya sabemos que las instituciones tienen en la repetición de procedimientos tradicionales su fórmula de trabajo.

Hoy en día resulta imposible localizar a los responsables de tomar las grandes decisiones, cuyo poder no depende del voto de nadie. Me refiero a las grandes corporaciones, como Apple, Amazon, Facebook, Google, Visa... o en términos estrictamente financieros al Banco Central Europeo o al Banco Mundial, por poner ejemplos claros. Todos se especializan en controlar el mercado y en maximizar capitales; prosperan al margen de los Estados soberanos o sin exigencias democráticas, a diferencia de la vida política que se desenvuelve en un estrecho marco de actuación y —no lo olvidemos— es la única instancia del ámbito público sometida al escrutinio electoral. Por estas razones, la participación ciudadana en las administraciones (Joan Font, Joan Subirats) se vuelve problemática para los poderes públicos. Primero, porque no es cómodo arbitrar periodos de consulta con asociaciones, cuando éstas no valoran las horas trabajadas que precisan las políticas públicas, lo que provoca un gran malestar institucional. Segundo, por la dificultad de articular una convocatoria pública de los consejos de Participación Ciudadana, percibidos como un mal inevitable, de ahí que se redacten unos reglamentos cada vez más restrictivos y excluyentes. Está claro que tenemos un desafío pendiente: redefinir la conversación pública entre las instituciones y la ciudadana.

Toda interlocución entre sociedad civil y poderes públicos tiene costes; para ser honestos, las administraciones valoran la participación más como una concesión, que como una obligación, porque la rendición de cuentas (*accountability*) está hipotecada a la voluntad política. Ese es el cometido de los portales de transparencia, pero el acceso a los datos más significativos está restringido. La periodista Eva Belmonte denuncia en sus libros la falta de transparencia, habida cuenta del pertinaz silencio administrativo de nuestras instituciones públicas. Ofrecer espacios a la sociedad civil recuperaría el sentido de la res publica (art. 23 de la Constitución); porque, de no ser así, nos hallaríamos ante una «orfandad ciudadana», como la denomina Victoria Camps. En suma, cuidar —sí, estoy diciendo «cuidar»— la participación ciudadana tiene la ventaja de aumentar la cultura política de un país, frente al «ni entiendo, ni me interesa», porque cuanto más sepamos más probable será neutralizar los discursos radicales de partidos políticos, cuya oferta electoral defiende un orden regresivo de derechos.

3. ASOCIACIONES Y LOS CONSEJOS DE LA MUJER

Por primera vez, y gracias a la ley de Igualdad, se definió en su artículo 78 la obligación de crear en la Administración General del Estado, el Consejo de Participación de la Mujer, regulado dos años después (Real Decreto 1791/2009). Los consejos de Ciudadanía son órganos de carácter consultivo y están presentes en los gobiernos locales y autonómicos. Los cargos públicos, que presiden todos los consejos de la Mujer (excepto en Euskadi, cuya presidenta es elegida por las ONGs del Consejo), deberían recordar a sus integrantes que representan mucho más que los intereses propios de cada organización. En España contamos con 1168 asociaciones, en cuyo registro figura la palabra «mujer» en el apartado de objetivos. Un número nada desdeñable. Muchos gobiernos buscan su aprobación y así lo declaran: «se cuenta con la unanimidad del consejo». Por mi experiencia, las Administraciones Públicas afianzarán sus políticas de igualdad si cuentan con las aportaciones de las asociaciones; en especial aquellas de implantación nacional, especializadas en emitir informes de evaluación sobre las políticas públicas. Solo algunos ejemplos: como Fórum Feminista, de carácter multidisciplinar; AMIT, formada por científicas y tecnólogas, o FADEMUR, en el ámbito rural; tienen por finalidad elaborar informes anuales, sobre presupuestos, sobre impacto normativo, para evidenciar distintas brechas de género. Lo preocupante es que no siempre son tratadas como interlocutoras por los poderes públicos. Así de torpe es la administración, incapaz de entender que el trabajo de estas organizaciones, cuando se difunde, también contribuye a mostrar las políticas institucionales. Baste una muestra, el reparto de responsabilidades domésticas se integró en el Código Civil, modificando la Ley 15/2005, gracias a las demandas de asociaciones de mujeres juristas, siendo Margarita Uría del PNV, quien lo llevó al Congreso de los Diputados. Ahora su artículo 68 se lee en todas las actas matrimoniales: ambos cónyuges tienen la obligación de compartir las responsabilidades familiares y el cuidado a ascendientes y descendientes.

Todos los consejos ciudadanos que crean las instituciones son de carácter consultivo, pero como ocurre en todos los escenarios de participación, quedan sin resolver sus contradicciones:

1. El primer dilema: ¿cómo prospera la libertad de expresión de las asociaciones si la presidencia de los consejos, que suele recaer en un cargo público, es la encargada de gestionar las subvenciones de las que dependerá su supervivencia?

2. El segundo dilema radica en las reglas de comunicación: ¿hay un trato diferente en función de qué contenidos se traten en los consejos?, ¿cuánto cotizan los halagos y cómo se metabolizan las críticas por las autoridades que los convocan?

No obviemos las malas prácticas de los consejos de la Mujer —como en otros consejos ciudadanos—Para empezar, la primera disputa es la elección de quiénes han de ser miembros, aunque impere una composición estándar: los sindicatos, personal técnico de ministerios o concejalías; ahora bien, será el grado de representación de la sociedad civil, el que nos dará una idea exacta de la utilidad del Consejo. Una vez constituidos, observamos fatídicas inercias, como aquellas asociaciones que reclaman su sitio sin aportar un trabajo sustantivo, porque les basta solo con asistir, un síntoma presidencialista que debilita el sentido de la participación.

El contacto más espinoso con las asociaciones se experimenta a la hora de distribuir el IRPF mediante subvenciones nominativas, las cuales se adjudican directamente a las asociaciones (previa autorización de la Intervención General de la Administración del Estado y la Abogacía del Estado). Al desconocerse las normas a las que está obligada la Administración, las asociaciones creen que basta con la presentación de su proyecto para concurrir y recibir la cuantía solicitada; por ello, cualquier desajuste en sus expectativas genera un enorme conflicto. Sabemos que las relaciones con las asociaciones se resienten a la hora de gestionar el dinero porque, aunque existan controles técnicos para evitar desviaciones, la proximidad ideológica sigue siendo una variable en el reparto. Cuando se registran cambios de Gobierno, también se modifican las afinidades, lo cual afecta a los criterios de distribución de subvenciones. El verdadero problema estriba en el exiguo porcentaje que reciben las asociaciones de mujeres, tan solo un 5 % del conjunto del IRPF, el resto se destina a la Plataforma del Tercer Sector —es decir, la Cruz Roja, Cáritas, la ONCE— a la que hay que sumar la Plataforma del Voluntariado (que engloba a más de doscientas entidades). Es una lucha con gigantes, porque estas grandes organizaciones ya cuentan con otras fuentes de financiación (ministerios, entidades empresariales). A esta desigualdad respecto a los fondos, ahora se suma la nueva regulación para compartir estas modestas «ayudas» con los colectivos LGTBI. Con todas estas circunstancias se provoca una competencia letal entre asociaciones, todos los años y por las mismas fechas[5]; de ahí la importancia de separar agendas entre áreas y políticas públicas. Una regulación distinta se aplica a las subvenciones nominativas (R.D. 887/2006 de 21 de julio) cuya dotación y finalidad ya están fijados en los gastos presupuestarios.

Para el resto de las ayudas habrá que contar con planes estratégicos de subvenciones que se centren en los ejes de la agenda

---

[5]   Datos del Impuesto sobre la Renta de las Personas Físicas. BOE. Edición actualizada a 27 de julio de 2022.

política. Por ejemplo, si una asociación se especializa en integración de mujeres prostituidas y la prioridad institucional es el trabajo, su proyecto deberá incluir su empleabilidad (trabajo por cuenta ajena) o el emprendimiento (trabajo por cuenta propia) como vía de inserción alternativa. La segunda condición sería respetar un calendario de subvenciones y transferirlas el primer trimestre del año, no en el último semestre, como se viene haciendo, lo que vuelve inviable para las asociaciones justificar la ejecución del gasto antes de diciembre. Y, por último, un seguimiento sobre cómo se ha elaborado el plan estratégico de subvenciones; es decir, en qué grado se atiende más la fidelización (clientelismo) del tejido asociativo, que aquellos proyectos cuya utilidad pública esté más que demostrada.

Pongámonos en el caso de ayuntamientos de tamaño medio ¿qué cálculos económicos operan respecto al papel que desempeñan las asociaciones? ¿Se corresponden las cuantías de la subvención con la carga global de trabajo que ejercen? Los poderes públicos no valoran la eficiencia (la disponibilidad de los recursos y sus resultados) a la hora de financiar sus programas, podríamos decir que sus «servicios» serían una extensión de la Administración. Me consta la demanda de municipalización de muchas materias, pero la combinación público y privada cabría pensarla, también en función de la cualificación y el trabajo experto de muchas ONGs de la sociedad civil, algunas transformadas en pequeñas consultorías de prestigio, a las cuales conviene no confundir con empresas ávidas por entrar en el mercado de licitación con las administraciones, sin acreditada experiencia en los servicios que ofertan.

Las asociaciones están presentes cuando España se examina ante organismos internacionales. Es muy complicado recabar datos a escala nacional debido a nuestra organización territorial (título VIII de la Constitución), son las asociaciones de mujeres las que reúnen estadísticas sobre las medidas del Gobierno central —junto con los informes de las comunidades autónomas— y con todo ello se redacta un documento final sobre las políticas de igualdad. Al que se le denomina «Informe Sombra» (*Shadow Report*), porque los miembros del Comité CEDAW (Comité de lucha contra la

Discriminación de las Mujeres, de Naciones Unidas) se refieren a él, pero sin desvelar sus fuentes. Con los datos de este documento alternativo, junto al institucional, se redactará el estado de la cuestión por países (disponibles en internet). Su valor radica en haber sido elaborado por más de 295 asociaciones que, sin subvención, muestran el grado de compromiso de los gobiernos, central y autonómicos, sobre la aplicación realista de las políticas públicas de igualdad.

DESPEDIDA / CONCLUSIONES

Desde mayo de 2023 el tablero ha dado la vuelta. Soy concejala de la oposición en la corporación local más extensa del país: el Ayuntamiento de Madrid. Tengo un descubrimiento pendiente: ¿sabré adaptarme y pasar del privilegio de tomar decisiones, a la interpelación sobre cómo otros las toman?

He disfrutado de sucesivos cargos, soy un buen ejemplo del Efecto Mateo, o el privilegio de acumular oportunidades; así lo denominó el sociólogo Robert Merton, citando el Evangelio según San Mateo, «al que más tiene se le dará en abundancia». Por laica prefiero invocar a la cantante chilena Violeta Parra, en su gracias a la vida, porque he congeniado —y mucho— con quienes confiaban en una política sin barreras, frente a quienes se empeñan en tensar alambres.

Me sorprende que carezcamos de organizaciones «transfronterizas», donde se mezclen las distintas competencias de la función pública, que actúan como murallas difíciles de atravesar. El resto de las políticas, de empleo, crisis energética, inteligencia artificial, economía, mantienen su travesía sin incluir las políticas de igualdad, salvo valiosas excepciones

Vivimos al margen de las propuestas de la denominada economía feminista, que explica la necesaria modificación del PIB (el indicador de riqueza por excelencia) para incluir en su medición el volumen de trabajo no retribuido —doméstico y voluntariado—. O las predicciones de gasto sobre las progresivas demandas de cuidado en nuestro país, habida cuenta que en 2030 un 34% de la población tendrá más de 65 años (INE, Proyecciones de Población 2022-2072).

Los partidos políticos ejercen su derecho a la libre designación, aunque en demasiadas ocasiones, prestando más atención al grado de adhesión hacia las ejecutivas, que a la idoneidad profesional. El sistema de listas abiertas podría neutralizar el poder de las élites políticas al doblarse el valor del voto ciudadano, por su facultad de elegir nombres propios en las papeletas. Y por parte de quienes integren las listas tendrán que alterar su orden de prioridades, ya no dependerán de su habilidad para moverse en la estructura orgánica del partido, sino de una activa presencia en el territorio como la principal vía para asegurar su candidatura. Cambiar el significado de liderazgo sería para los partidos políticos la mejor estrategia para atraer a la ciudadanía a sus siglas, exhibiendo más el talento que la incondicionalidad.

España es el país de la Unión Europea con más partidos políticos. En las elecciones generales del 23 de julio se presentaron 120 opciones de voto (BOE 21 de junio 2023). En las actuaciones políticas la balanza se ha inclinado a salvaguardar al propio partido, e interpretar los pactos políticos, sobre todo, en función del impacto sobre su potencial electorado más que en el interés por el acuerdo. Con el presente escenario, no estoy segura de que hubieran prosperado unas leyes sustanciales en materia de igualdad.

Me molesta el término inclusivo, prefiero el término democratizar los espacios públicos, cualquiera que éstos sean. Con este texto he aspirado a mostrar que la función pública y los partidos políticos, aún son rehenes de sus jerarquías y procedimientos; grandes obstáculos para la innovación en las políticas de igualdad, sobre todo, para que éstas dejen de ser un asunto de mujeres y se conciban como parte esencial del bien común.

BIBLIOGRAFÍA

ALBERDI, I. y ESCARIO, P. (2003). *Flexibilidad, elección y estilos de vida familiar.* Madrid: Ministerio de Asuntos Sociales.

ALONSO, A. (2015) *El mainstreaming de género en España.* Valencia: Tirant lo Blanch.

ARIAS MALDONADO, M. (2020). *La nostalgia del soberano.* Madrid. Catarata.

AYUSO, L. y JIMENEZ, M. (2021). «El descubrimiento de las políticas familiares en España: entre la ideología y el pragmatismo». *Revista Española de Investigaciones Sociológicas,* 174: pp 3-22.

ASTELLARRA, J. (2005). *Veinte años de políticas de igualdad.* Madrid: Cátedra Feminismos.

BALLÓ, T. (2016) *Las sinsombrero. Sin ellas, la historia no está completa.* Madrid: Espasa.

BALAGUER, M.L. (2010). *Igualdad y Constitución Española.* Madrid: Tecnos.

BARBERÁ, P. (2010). «Voting for Parties or for Candidates? The Trade-Off Between Party and Personal Representation in Spanish Regional and Local Elections». *Revista Española de Investigaciones Sociológicas,* núm. 132, pp. 35-66.

BARBERÁ, O. y RODRIGUEZ, J. (2012). The introduction of Party primaries in Spain. Workshop. Party primaries in Europe. Consequences and Challenges. European Consortium of Political Research. Belgium (10-15 April, 2012)

BARRÈRE, M.A. (2004). «De la acción positiva a la «discriminación positiva» en el proceso legislativo español», *Jueces para la Democracia,* n.º 51, pp. 26-33.

BARZELAY, M. (2014). *Atravesando la burocracia: una nueva perspectiva de la administración pública.* Madrid: Fondo de Cultura Económica.

BELMONTE, E. (2020). *Diccionario Ilustrado del BOE-Español: Aprende el idioma que dicta las normas y sus recovecos.* Barcelona: Ariel.

BENHABIB, S. (2006). *Las reivindicaciones de la cultura: igualdad y diversidad en la era global.* Buenos Aires: Katz Editores.

BOHMAN, J. (1997). *The Deliberative democracy. Essays of reason and politics.* Londres: The MIT Press.

BUSTELO, M. y Lombardo, E. (2007). *Políticas de igualdad en España y en Europa.* Madrid: Cátedra.

CAMPOAMOR, C. (2006). *El voto femenino y yo. Mi pecado mortal.* Madrid: Editorial Horas y Horas.

CAPEL, R. M. (2020). *Acción y voces de mujer en el espacio público.* Madrid: Editorial Adaba.

CASTAÑO, C. (2008). *La segunda brecha digital.* Madrid: Cátedra.

CARRASCO, C. *et al.* (2011). *El trabajo de cuidados: historia, teoría y política.* Madrid: CIP-Ecosocial.

CARRILLO, E., TAMAÑO, M. y NUÑO, L. (2013). *La formación de la agenda pública. Análisis comparado de las demandas de hombres y mujeres hacia el sistema político en España.* Madrid: Centro de Estudios Políticos y Constitucionales.

CERRILLO I. MARTÍNEZ, A. (2005). *La gobernanza hoy: diez textos de referencia.* Instituto Nacional de Administración Pública. Madrid.

COBO, R. (2002). «Democracia paritaria y sujeto político feminista». *Anales de la Cátedra Francisco Suárez,* núm. 36, pp. 29-44.

COSTAS E. y PUENTE, V. El control de los gobernantes. *Nueva Revista de Política Cultura y Arte,* núm. 173, pp. 132-149.

CUESTA, J. coord. (2009). *La depuración de funcionarios bajo la dictadura*

franquista. Madrid: Editorial Fundación Largo Caballero.

DE ANCA, C. (2012). *Beyond Tribalism: Managing Identities in a Diverse World.* Basingstoke: Palgrave Macmillan.

DEL PINO, E., CALZADA, I. y DÍAZ PULIDO, J. (2016). Conceptualizing and Explaining Bureauphobia: Contours, Scope, and Determinants. *Public Administration Review,* 76(5), 725-736.

DIZ, I y LOIS, M. (eds.) (2007). *Mujeres, Instituciones y Política.* Barcelona: Ediciones Bellaterra.

DURÁN, M.A. (2020). *La riqueza invisible del cuidado.* Valencia: Publicacións de la Universitat de Valencia.

DUVERGER, M. (2012). *Los partidos políticos.* Madrid: Fondo de Cultura Económica.

ELSTER, J. (2005). *El cemento de la sociedad. Las paradojas del orden social.* Barcelona: Gedisa.

FUMANAL, V. (2024). *El poder de la influencia. Así se construye un liderazgo.* Madrid: La Esfera.

FUNDACIÓN MUJERES (2007). *Informes de Impacto de Género.* Instituto de la Mujer. Madrid: Ministerio de Trabajo y Asuntos Sociales.

FUNES, M.ª J. (2016). «¿Facilitan los proyectos institucionales de participación la capacitación política?». *Política y Sociedad,* núm. 53 (1), pp. 55-77.

GOMEZ, J.A. y NAVARRO, J. (2019). *Desprivatizar los partidos.* Barcelona: Gedisa.

HABERMAS, J. (2010). *Teoría de la Acción Comunicativa.* Madrid: Taurus Editorial.

HIRIGOYEN, M.F. (1999). *El acoso moral en la vida cotidiana*. Barcelona: Paidós.

GÁLVEZ, L. y TORRES, J. (2010) *Desiguales: Mujeres y hombres frente a la crisis financiera*. Barcelona: Icaria.

GARMENDIA, A. (2019). «40 años de gobiernos autonómicos en España, competición política, feudos electorales y calidad de gobierno». Informe sobre la Democracia en España. Madrid: Fundación Alternativas.

GIL RUIZ, J.M. (2005). «El paradigma de la igualdad y el binomio subjetividad-ciudadanía». En Campos, A. y Barrère, M.A (eds.) *La igualdad de oportunidades y la igualdad de género: una relación a debate*. Madrid: Dykinson, pp. 23-48.

GROSSER, K. y MOON, J. (2008). «Developmentes in company reporting on workplace gender equality? A corporate social responsibility perspective». *Accounting Forum*, num. 32, pp. 179-198.

KOOIMAN, J (2004). «Gobernar en gobernanza». *Revista Instituciones y Desarrollo*, núm. 16, pp. 171-194.

LAFUENTE, D. (2019). *Necesarios debates sobre la Responsabilidad Social Corporativa*. Granada: Comares.

LAPUENTE, V. (2015). *El retorno de los chamanes. Los charlatanes que amenazan el bien común y los profesionales que pueden salvarlos*. Barceki: Ediciones Península.

LENGERMANN, P. y NIEBRUGGE, G. (2019). *Las fundadoras de la sociología y de la teoría social, 1830-1930*. Madrid: Centro de Investigaciones Sociológicas.

LOMBARDO, E. y LEÓN, M. (2014). «Políticas de igualdad de género y sociales en España: origen, desarrollo y desmantelamiento en un contexto de crisis económica». *Investigaciones Feministas,* vol. 5, pp. 12-35.

LEON, M. y LOMBARDO, E. (2014). «Resistence to implementing gender mainstreaming in EU research policy». In Weiner, Elaine and Heather McRae (eds) The persistent invisibility of gender in EU policy. *European Integration on line Papers*. Special issue n.º 1, vol. 18, pp 1-21.

MADRUGA, M. (2020). *Feminismo e Ilustración. Un seminario fundacional*. Madrid: Cátedra Feminismos.

MANIN, B. (1999). *Los Principios del gobierno representativo*. Madrid: Alianza Editorial.

MARTINEAU, H. (1.ª edición, 1837) (2022). *Cómo observar la moral y las costumbres*. Madrid: CIS.

MICHELS, R. (1.ª ed. 1911) (2014). *Partidos Políticos. Un estudio sociológico de las tendencias oligárquicas de las democracias modernas*, vol 2. Barcelona: Amorrortu Editores.

NAVARRO, B. y SANZ, M. (2021). «La transversalidad de género y su poder de influencia: ¿hacia una igualdad efectiva de la UE?». Revista CIDOB *d'Afers Internacionals*, núm. 127, pp. 39-61.

NUÑO, L. (2016). «El tratamiento de la diferencia sexual en las democracias formalmente igualitarias» *Revista de Estudios Políticos*. núm. 174, pp 113-141.

NIELFA, G. (coord.) (2015). *Mujeres en los gobiernos locales. Alcaldesas y concejalas en la España contem-poránea.* Madrid: Biblioteca Nueva.

LEVI-MONTALCINI, R. (2017). *Un as en la manga. Los dones reservados a la vejez.* Madrid: Editorial Crítica.

LOIEMH (2007). Ley Orgánica 3/2007, de 22 de marzo, para la igualdad efectiva de mujeres y hombres.

LEGARRETA, M. (2008) .El tiempo donado en el ámbito doméstico: Reflexiones para el trabajo doméstico y los cuidados. *Cuadernos de Relaciones Laborales,* vol. 26, núm. 2, pp. 49-73.

LORENTE ACOSTA, M. (2001). *Mi marido me pega lo normal. Agresión a la mujer: realidades y mitos,* Ares y Mares, Editorial Crítica, Madrid.

McCOMB, M. (2006). *Estableciendo la agenda. El impacto de los medios en la opinión pública.* Barcelona: Paidós.

MACKINNON, C. (1995) .*Hacia una Teoría feminista del Estado.* Madrid: Cátedra.

MAIR, P. (2015). *Gobernando el vacío. Banalización de la democracia occidental.* Madrid: Alianza Editorial.

MARTÍNEZ SIERRA, G. *Feminismo, Feminidad y Españolismo,* ed. Saturnino Calleja, Madrid, 1920, pp. 17-18. Conferencia leída el día 2 de febrero de 1917 en el primero de los Festivales Artísticos celebrados en el Teatro Eslava a beneficio de la «Protección del trabajo de la mujer».

MARUGÁN, B. (2012). «La organización de las mariscadoras como agentes de transformación social». *Debate,* núm. 7, pp. 82-106.

MICHELS, R. (1915). *Los partidos políticos I y II. Una tendencia oligárquica de las democracias modernas.* Barcelona: Amorrortu.

MIYARES, A. (2003). *Democracia feminista.* Madrid: Cátedra.

MURILLO, S. (reedición: 2006). *El mito de la vida privada: de la entrega al tiempo propio.* Madrid: Siglo XXI.

CRISTOBAL, N. (2015). *Mujeres en los Gobiernos Locales. Alcadesas y Concejalas en la España Contemporánea.* Madrid: Biblioteca Nueva.

PATEMAN, C. (1970). *Participation and Democratic Theory.* Cambridge: Cambridge University Press.

PAZOS, M. (2013). *Desiguales por Ley. Las políticas públicas contra la igualdad de género.* Madrid: Catarata.

PENADES, A. y PAVÍA, J.M. (2016). *La Reforma Electoral Perfecta.* Madrid: Catarata.

PEREZ OROZCO, A. (2014). *Subversión feminista de la economía. Aportes para un debate sobre el conflicto capital-vida.* Madrid: Traficantes de Sueños.

KATZ, R. y MAIR, P. (2022). *Democracia y cartelización de los partidos políticos.* Madrid: Catarata.

PITCH, T. (2003). *Un Derecho para dos. La construcción jurídica de género, sexo y sexualidad.* Madrid: Trotta.

RAMIÓ, C. (2019). *Inteligencia artificial y administración pública: robots y humanos compartiendo el servicio público.* Madrid: Catarata.

RAMOS, R. y GARCIA SELGAS, F. (2020). *Las incertidumbres en las sociedades* contemporáneas. Madrid: CIS.

RIKE, H. W. (1993). *Agenda Formation.* University of Michigan Press.

RUBERY, J. (2013). «Public sector adjustment and the threat to gender equality». En Vaughan-Whitehead, D. (Ed). *Public Sector Shock: The Impact of Policy Retrenchment in*

Europe. Cheltenham, UK: Edward Elgar Publishing, pp. 43-83.

RAWLS, J. (1993). *Teoría de la justicia*. Madrid: FCE.

RUBIO, A. (2013). *Las innovaciones en la medición de la desigualdad*. Madrid: Dykinson.

SANDEL, M. (2020). *Filosofía Política*. Barcelona: Debate.

SANTANA, A., COLLER, X. y AGUILAR, S. (2015). «Las parlamentarias regionales en España: masa crítica, experiencia parlamentaria e influencia política». *Revista Española de Investigaciones Sociológicas*, núm. 149, pp. 111-130.

SARTORI, G. (2005). *Partidos y sistema de Partidos*. Madrid: Alianza Editorial.

SOMBART, W. (1979). *Lujo y Capitalismo*. Madrid: Alianza Editorial.

TOURAINE, A. (1995). *Comunicación Política y Crisis de la Representatividad*. Barcelona: Gedisa.

VERGE, T. (2009). *Partidos y representación política*. Madrid: CIS.

VALCÁRCEL, A. (1993). *Del miedo a la igualdad*. Barcelona: Crítica.

VELASCO, E. M., ALDAMIZ-ECHEVARRÍA, C., FÉRNANDEZ, S., INTXAURBURU, M. G. y LARRIETA, I. (2015). *La Perspectiva de Género en las Iniciativas de Responsabilidad Social: La Responsabilidad Social de Género*. Madrid: Instituto de la Mujer y para la Igualdad de Oportunidades.

WALBY, S. (2005). *Gender Mainstreaming: Productive tensions in theory and practice*. Oxford University Press.

ZUBOF, S. (2020). *El capitalismo de Vigilancia*. Barcelona: Editorial Planeta.